Kochbuch für Teenager

Einfache Rezepte für junge Köche und Anfänger

Schritt für Schritt
kochen, backen und mixen lernen

Impressum

Texte: © Nadine Lichtenegger
Adresse: Waldstraße 20d, 8793 Trofaiach, Österreich
E-Mail: nadlichti06@gmx.at

Covergestaltung: Katarina @mehedi Fiverr
Buchlayout: Red Heads

INHALTSVERZEICHNIS

INHALTSVERZEICHNIS

05 DESSERTS

06 BONUS

KAPITEL 1. FRÜHSTÜCK

Das Kochbuch für Teenager

Apfel-Zimt-Haferflocken

Zubereitungszeit	Kochzeit	Portionen
15 min	5 min	2

ZUTATEN

- 50 g Haferflocken
- 120 ml Milch (oder Pflanzenmilch)
- 1 EL Honig oder Ahornsirup (optional)
- 1 kleiner Apfel
- 1/2 TL Zimt
- 1 Prise Salz
- Optional: gehackte Nüsse für den Crunch
- Optional: ein Klecks Joghurt zum Servieren

ZUBEREITUNG

1. Einen Apfel waschen, entkernen und in kleine Stücke schneiden.
2. In einem Topf die Haferflocken, Milch oder Pflanzenmilch, Apfelstücke und 1/2 TL Zimt vermischen.
3. Die Mischung bei mittlerer Hitze zum Kochen bringen und dann auf niedriger Hitze für ca. 5 Minuten köcheln lassen, gelegentlich umrühren.
4. Haferflocken vom Herd nehmen, kurz abkühlen lassen und in eine Schüssel geben. Nach Belieben mit Honig oder Ahornsirup süßen und servieren.

Haferflocken mit Beeren und Joghurt

Zubereitungszeit	Kochzeit	Portionen
10 min	Keine	2

ZUTATEN

- 50 g Haferflocken
- 120 ml Milch
- 1 EL Honig oder Ahornsirup
- 1 TL Vanilleextrakt
- 100 g Joghurt
- 150 g gemischte Beeren (frisch oder tiefgekühlt)
- Optional: gehackte Nüsse oder Samen für den Crunch

ZUBEREITUNG

1. In einer Schüssel die Haferflocken mit Joghurt (wahlweise Naturjoghurt oder griechischer Joghurt) vermischen.
2. Eine Handvoll Beeren (z.B. Erdbeeren, Blaubeeren, Himbeeren) waschen und gegebenenfalls klein schneiden.
3. Die Beeren zur Haferflocken-Joghurt-Mischung hinzufügen.
4. Alles gut vermengen und bei Bedarf mit Honig oder Ahornsirup süßen. Sofort servieren.

Bananen-Nuss-Haferflocken

Zubereitungszeit	Kochzeit	Portionen
5 min	2 min	2

ZUTATEN

- 50 g Haferflocken
- 120 ml Milch
- 1 reife Banane
- 1/2 TL Zimt
- 1 EL gehackte Nüsse

ZUBEREITUNG

1. Eine reife Banane zerdrücken und mit den Haferflocken, Milch oder Pflanzenmilch, einer Prise Salz und 1/2 TL Zimt in einem Topf vermischen.
2. Die Mischung bei mittlerer Hitze unter Rühren erwärmen, bis sie cremig und heiß ist.
3. Haferflocken in eine Schüssel geben und mit 1 EL gehackten Nüssen (z.B. Walnüsse oder Mandeln) garnieren. Sofort servieren.

Schoko-Peanutbutter-Haferflocken

Zubereitungszeit	Kochzeit	Portionen
Keine	10 min	1

ZUTATEN

- 50 g Haferflocken
- 200 ml Milch oder Pflanzenmilch
- 1 EL Kakaopulver
- 1 EL Peanutbutter
- 1 EL Honig oder Ahornsirup
- 1 Banane, in Scheiben geschnitten

ZUBEREITUNG

1. Haferflocken und Milch in einem Topf aufkochen, Hitze reduzieren und unter Rühren 5 Minuten köcheln lassen.
2. Kakaopulver, Peanutbutter und Honig/Ahornsirup unterrühren, bis alles gut vermischt ist.
3. In eine Schüssel geben und mit Bananenscheiben und optional Nüssen oder Schokoladenstücke garnieren.

Grüner Spinat-Kiwi-Smoothie

Zubereitungszeit
5 min

Kochzeit
Keine

Portionen
1

ZUTATEN

- 2 reife Kiwis
- 60 g frischer Baby-Spinat
- 240 ml Orangensaft
- 120 g Naturjoghurt

ZUBEREITUNG

1. Die Kiwis schälen und in Stücke schneiden.
2. Die Kiwistücke, Spinat, Orangensaft und Joghurt in einen Mixer geben.
3. Optional Honig oder Agavendicksaft hinzufügen, um den Smoothie zu süßen.
4. Bei Bedarf Eiswürfel hinzufügen, um den Smoothie kälter und dicker zu machen.
5. Alle Zutaten auf hoher Stufe mixen, bis der Smoothie glatt und cremig ist. Sollte der Smoothie zu dickflüssig sein, einfach mehr Orangensaft oder Wasser hinzufügen, um die gewünschte Konsistenz zu erreichen.
6. Den grünen Spinat-Kiwi-Smoothie anschließend in ein Glas gießen und sofort servieren. Dieser gesunde und erfrischende Smoothie eignet sich hervorragend als schnelles Frühstück oder Snack zwischendurch.

Mango-Ananas-Smoothie

Zubereitungszeit
5 min

Kochzeit
Keine

Portionen
2

ZUTATEN

- 1 Tasse Mango, geschält und gewürfelt
- 1 Tasse Ananas, gewürfelt
- 1 Tasse Orangensaft
- 1/2 Tasse Joghurt oder pflanzliche Joghurtalternative

ZUBEREITUNG

1. Mango, Ananas, Orangensaft und Joghurt in einen Mixer geben.
2. Mixer auf hoher Stufe laufen lassen, bis alle Zutaten gut vermischt und cremig sind. Bei Bedarf Eiswürfel hinzufügen, um den Smoothie kälter und dicker zu machen.
3. Den Smoothie in Gläser füllen und sofort servieren.

Blaubeer-Joghurt-Smoothie

Zubereitungszeit
5 min

Kochzeit
Keine

Portionen
2

ZUTATEN

- 200 g frische oder gefrorene
- 240 ml Milch
- Blaubeeren
- 120 g Naturjoghurt
- 1 EL Honig oder Ahornsirup

ZUBEREITUNG

1. Mango, Ananas, Orangensaft und Joghurt in einen Mixer geben.
2. Mixer auf hoher Stufe laufen lassen, bis alle Zutaten gut vermischt und cremig sind. Bei Bedarf Eiswürfel hinzufügen, um den Smoothie kälter und dicker zu machen.
3. Den Smoothie in Gläser füllen und sofort servieren.

Schoko-Peanutbutter-Smoothie

Zubereitungszeit
5 min

Kochzeit
Keine

Portionen
1

ZUTATEN

- 1 reife Banane
- 2 EL ungesüßtes Kakaopulver
- 2 EL cremige Erdnussbutter
- 240 ml Milch
- 120 g Naturjoghurt

ZUBEREITUNG

1. Die Banane schälen und in Stücke schneiden.
2. Bananenstücke, Kakaopulver, Erdnussbutter, Milch und Joghurt in einen Mixer geben.
3. Optional besteht die Möglichkeit, Honig oder Ahornsirup für einen süßeren Smoothie hinzuzufügen.
4. Für einen kühleren und dickeren Smoothie, einfach Eiswürfel beifügen.
5. Alle Zutaten dann auf hoher Stufe mixen, bis der Smoothie eine glatte und cremige Konsistenz aufweist. Ist der Smoothie zu dick, mehr Milch oder Wasser hinzufügen, um die gewünschte Konsistenz zu erreichen.
6. Den Schoko-Peanutbutter-Smoothie in ein Glas gießen und sofort servieren. Dieser köstliche und proteinreiche Smoothie ist ideal als nahrhaftes Frühstück oder als Snack für zwischendurch.

Haferflocken-Erdnussbutter-Müsliriegel

ANGABEN

Zubereitungszeit	Kühlzeit	Portionen
15 min	60 min	10

ZUTATEN

- 200 g Haferflocken
- 120 g Erdnussbutter
- 125 g Honig
- 200 g gemischte Nüsse und Trockenfrüchte
- 2 ml Vanilleextrakt

ZUBEREITUNG

1. Eine quadratische oder rechteckige Form (ca. 20x20 cm) mit Backpapier auslegen.
2. In einem Topf bei niedriger Hitze Erdnussbutter und Honig schmelzen. Vanilleextrakt hinzufügen und gut verrühren.
3. Haferflocken, Nüsse und Trockenfrüchte in die geschmolzene Erdnussbutter-Mischung geben und gut vermengen.
4. Die Mischung in die vorbereitete Form geben und gleichmäßig verteilen. Mit einem Löffel oder Spatel fest andrücken.
5. Mindestens 1 Stunde im Kühlschrank kühlen, bis die Mischung fest ist.
6. Aus der Form nehmen, Backpapier entfernen und in 10 Riegel schneiden.

Schoko-Nuss-Granola-Riegel

Zubereitungszeit
15 min

Kühlzeit
60 min

Portionen
10

ZUTATEN

- 200 g Haferflocken
- 150 g gemischte Nüsse (z.B. Mandeln, Haselnüsse, Walnüsse)
- 50 g ungesüßte Kokosraspeln
- 75 g Honig
- 75 g ungesalzene Butter
- 50 g brauner Zucker
- 2 ml Vanilleextrakt
- 100 g Schokoladenchips oder gehackte Schokolade

ZUBEREITUNG

1. Eine 20x20 cm Form mit Backpapier auslegen.
2. Haferflocken, Nüsse und Kokosraspeln auf einem Backblech verteilen und bei 180°C für 8-10 Minuten im Ofen rösten. Dann aus dem Ofen nehmen und abkühlen lassen.
3. In einem Topf Honig, Butter und braunen Zucker bei mittlerer Hitze schmelzen. Vanilleextrakt hinzufügen und gut verrühren.
4. Die gerösteten Haferflocken, Nüsse und Kokosraspeln zur Honig-Mischung geben und gut vermengen. Schokoladenchips unterheben.
5. Die Mischung in die Form geben, gleichmäßig verteilen und fest andrücken.
6. 1 Stunde im Kühlschrank kühlen, bis die Mischung fest ist.
7. Aus der Form nehmen, in 10 Riegel schneiden.

Fruchtige Quinoa-Müsliriegel

Zubereitungszeit
20 min

Kühlzeit
60 min

Portionen
12

ZUTATEN

- 100 g ungekochte Quinoa
- 100 g Haferflocken
- 50 g gemischte Samen
- 100 g gemischte getrocknete Früchte
- 60 g Honig
- 60 g ungesalzene Butter
- 50 g brauner Zucker
- 2 ml Vanilleextrakt
- 1 ml Salz

ZUBEREITUNG

1. Eine 20x20 cm Form mit Backpapier auslegen.
2. Quinoa in einem Sieb waschen und nach Packungsanweisung kochen, dann abkühlen lassen.
3. In einer großen Schüssel Quinoa, Haferflocken, Samen und getrocknete Früchte vermischen.
4. In einem Topf Honig, Butter und braunen Zucker bei mittlerer Hitze schmelzen. Vanilleextrakt und Salz hinzufügen und gut verrühren.
5. Die Honig-Mischung zu den trockenen Zutaten geben und gut vermengen.
6. Die Mischung in die Form geben, gleichmäßig verteilen und fest andrücken.
7. 1 Stunde im Kühlschrank kühlen, bis die Mischung fest ist.
8. Aus der Form nehmen, in 12 Riegel schneiden.

Zubereitungszeit
15 min

Kühlzeit
60 min

Portionen
12

Apfel-Zimt-Müsliriegel

ZUTATEN

- 200 g Haferflocken
- 100 g getrocknete Äpfel, klein gehackt
- 50 g Walnüsse, grob gehackt
- 50 g Kokosflocken
- 120 g Honig
- 60 g ungesalzene Butter
- 50 g brauner Zucker
- 2 ml Vanilleextrakt
- 1 ml Salz
- 4 g Zimt

ZUBEREITUNG

1. Eine 20x20 cm Form mit Backpapier auslegen.
2. In einer großen Schüssel Haferflocken, getrocknete Äpfel, Walnüsse, Kokosflocken und Zimt vermischen.
3. In einem Topf Honig, Butter und braunen Zucker bei mittlerer Hitze schmelzen. Vanilleextrakt und Salz hinzufügen und gut verrühren.
4. Die Honig-Mischung zu den trockenen Zutaten geben und gut vermengen.
5. Die Mischung in die Form geben, gleichmäßig verteilen und fest andrücken.
6. 1 Stunde im Kühlschrank kühlen, bis die Mischung fest ist.
7. Aus der Form nehmen, in 12 Riegel schneiden.

ZUTATEN

- 2 Eier
- 50 g Feta-Käse, zerkrümelt
- 6-8 Kirschtomaten
- 10-12 entsteinte Oliven
- 1 EL frisch gehackte Basilikumblätter
- Salz und Pfeffer
- 1 EL Olivenöl zum Braten

Mediterranes Omelett mit Tomaten, Oliven und Feta

Zubereitungszeit	Kochzeit	Portionen
10 min	10 min	1

ZUBEREITUNG

1. Die Eier in einer Schüssel verquirlen und mit Salz und Pfeffer würzen. Den zerkrümelten Feta, die halbierten Tomaten, die Oliven und das gehackte Basilikum beiseite stellen.
2. Eine beschichtete Pfanne bei mittlerer Hitze erwärmen und das Olivenöl hineingeben. Sobald das Öl heiß ist, die Eiermischung in die Pfanne geben.
3. Die Eiermischung gleichmäßig in der Pfanne verteilen und die Tomaten und Oliven darüber streuen.
4. Warten, bis die Eier am Rand fest werden und die Unterseite leicht gebräunt ist. Das dauert etwa 2-3 Minuten.
5. Den zerkrümelten Feta auf einer Hälfte des Omeletts verteilen und die andere Hälfte vorsichtig mit einem Pfannenwender darüber klappen, um eine halbmondförmige Form zu erhalten.
6. Das Omelett noch etwa 1-2 Minuten in der Pfanne lassen, damit der Feta leicht schmilzt und die Aromen miteinander verschmelzen. Darauf achten, dass die Unterseite nicht verbrennt.
7. Das Omelett vorsichtig aus der Pfanne nehmen und auf einen Teller gleiten lassen. Mit gehacktem Basilikum garnieren, falls gewünscht.

Spinat-Feta-Rührei

Zubereitungszeit	Kochzeit	Portionen
10 min	10 min	2

ZUTATEN

- 4 Eier
- 100 g frischer Spinat
- 50 g Feta-Käse
- 1 kleine Zwiebel
- 1 Knoblauchzehe
- Salz und Pfeffer
- 2 EL Olivenöl zum Braten

ZUBEREITUNG

1. Die Eier in einer Schüssel verquirlen und mit Salz und Pfeffer würzen. Den gehackten Spinat und den zerkrümelten Feta beiseite stellen.
2. Eine beschichtete Pfanne bei mittlerer Hitze erwärmen und das Olivenöl hineingeben. Die fein gehackte Zwiebel und den Knoblauch hinzufügen und unter gelegentlichem Rühren 2-3 Minuten dünsten, bis die Zwiebel weich und leicht gebräunt ist.
3. Den gehackten Spinat zur Pfanne hinzufügen und weitere 2-3 Minuten dünsten, bis der Spinat zusammengefallen und die Flüssigkeit größtenteils verdampft ist.
4. Die verquirlten Eier in die Pfanne geben und vorsichtig umrühren, um sie mit dem Spinat und den Zwiebeln zu vermischen.
5. Das Rührei 2-3 Minuten unter gelegentlichem Rühren braten, bis die Eier gestockt sind und die gewünschte Konsistenz erreicht ist.
6. Den zerkrümelten Feta über das Rührei streuen und nochmals kurz durchrühren, um den Käse zu verteilen.
7. Das Spinat-Feta-Rührei sofort servieren, eventuell mit etwas frisch gemahlenem Pfeffer und einem Stück Vollkornbrot.

Champignon-Lauch-Omelett

Zubereitungszeit
10 min

Kochzeit
10 min

Portionen
1

ZUTATEN

- 100 g Champignons, in Scheiben geschnitten
- 50 g Lauch, in dünne Ringe geschnitten
- 2 Eier
- 10 g Butter
- 1 ml Salz
- 1 ml Pfeffer
- 15 ml Milch

ZUBEREITUNG

1. Die Pfanne auf mittlerer Hitze erhitzen, Butter hinzufügen und Lauch und Champignons darin anbraten, bis sie weich sind. Anschließend aus der Pfanne nehmen und beiseite stellen.
2. In einer Schüssel Eier, Milch, Salz und Pfeffer verquirlen.
3. Die Eiermischung in die gleiche Pfanne gießen und 1-2 Minuten stocken lassen.
4. Die gebratenen Champignons und Lauch auf einer Hälfte des Omeletts verteilen.
5. Die andere Hälfte des Omeletts vorsichtig über die belegte Hälfte klappen.
6. Weitere 1-2 Minuten braten, bis das Omelett durchgegart ist.

Süßes Omelett mit Beeren und Joghurt

Zubereitungszeit	Kochzeit	Portionen
10 min	10 min	1

ZUTATEN

- 2 Eier
- 15 ml Milch
- 5 g Vanillezucker
- 10 g Butter
- 100 g gemischte Beeren (frisch oder tiefgekühlt)
- 100 g Joghurt
- 1 prise Zimt (optional)

ZUBEREITUNG

1. In einer Schüssel Eier, Milch und Vanillezucker verquirlen.
2. Die Pfanne auf mittlerer Hitze erhitzen, Butter hinzufügen und die Eiermischung hineingießen.
3. Das Omelett 2-3 Minuten stocken lassen, bis die Oberfläche fast fest ist.
4. Das Omelett vorsichtig auf einen Teller gleiten lassen und die Pfanne vom Herd nehmen.
5. Beeren und Joghurt auf einer Hälfte des Omeletts verteilen, mit Zimt bestreuen (optional).
6. Die andere Hälfte des Omeletts über die belegte Hälfte klappen und servieren.

Avocado-Tomaten-Vollkornbrot

Zubereitungszeit
5 min

Kochzeit
Keine

Poritonen
1

ZUTATEN

- 2 Scheiben Vollkornbrot
- 1/2 reife Avocado
- 50 g Kirschtomaten
- 10 g Frischkäse oder Butter
- Salz und Pfeffer nach Geschmack
- 1 Prise Chiliflocken (optional)

ZUBEREITUNG

1. Die Vollkornbrotscheiben mit Frischkäse oder Butter bestreichen.
2. Die Avocado halbieren, den Stein entfernen und das Fruchtfleisch mit einem Löffel aus der Schale lösen. Avocado in Scheiben schneiden oder zerdrücken.
3. Kirschtomaten waschen und halbieren.
4. Die Avocado auf den Brotscheiben verteilen, leicht salzen und pfeffern.
5. Die halbierten Kirschtomaten darauflegen und nach Wunsch mit Chiliflocken bestreuen.
6. Sofort servieren und genießen.

Thunfischsalat-Sandwich

Zubereitungszeit 10 min | Kochzeit Keine | Portionen 2

ZUTATEN

- 4 Scheiben Brot
- 1 Dose Thunfisch im eigenen Saft
- 50 g Mayonnaise
- 20 g Joghurt
- 30 g rote Zwiebel, fein gehackt
- 60 g Selleriestangen, fein gehackt
- 1 Prise Salz und Pfeffer nach Geschmack
- 4 Salatblätter

ZUBEREITUNG

1. Thunfisch abtropfen lassen und in eine Schüssel geben.
2. Mayonnaise, Joghurt, gehackte Zwiebel und Sellerie hinzufügen. Mit Salz und Pfeffer abschmecken und gut vermischen.
3. Die Brotscheiben auslegen und Salatblätter darauf verteilen (falls gewünscht).
4. Die Thunfischmischung auf zwei Brotscheiben verteilen.
5. Die restlichen Brotscheiben darauflegen, um Sandwiches zu bilden.
6. Sofort servieren oder in Frischhaltefolie einwickeln und bis zum Verzehr kühlen.

Hähnchen-Pesto-Panini

Zubereitungszeit
10 min

Kochzeit
4-6 min

Portionen
2

ZUTATEN

- 2 Panini-Brötchen
- 200 g gekochtes Hähnchen, in Scheiben geschnitten
- 40 g Pesto (Basilikum-Pesto oder ein anderes Pesto nach Wahl)
- 80 g Mozzarella, in Scheiben geschnitten
- 40 g Rucola oder Spinat
- 1 EL Olivenöl

ZUBEREITUNG

1. Panini-Brötchen halbieren und die Innenseiten mit Pesto bestreichen.
2. Hähnchenscheiben, Mozzarellascheiben und Rucola oder Spinat auf der Unterseite der Brötchen verteilen.
3. Die Oberseite der Brötchen darauflegen und leicht zusammendrücken.
4. Eine Grillpfanne oder Panini-Presse bei mittlerer Hitze erhitzen. Die Panini-Brötchen mit Olivenöl bestreichen.
5. Die Panini in die Grillpfanne oder Panini-Presse legen und ca. 4-6 Minuten grillen, bis sie knusprig und goldbraun sind und der Käse geschmolzen ist. Gegebenenfalls die Panini während des Grillens wenden.
6. Die Panini in Hälften schneiden und sofort servieren.

Veganes Hummus-Gemüse-Sandwich

Zubereitungszeit
10 min

Kochzeit
Keine

Portionen
2

ZUTATEN

- 4 Scheiben Brot
- 4 EL Hummus
- 1 kleine rote Paprika, in dünne Streifen geschnitten
- 1 Gurke, in dünne Scheiben geschnitten
- 1 Karotte, in dünne Streifen oder Scheiben geschnitten
- 1 Handvoll frische Rucola- oder Spinatblätter

ZUBEREITUNG

1. Die Brotscheiben vorbereiten. Für eine knusprige Variante kann das Brot getoastet werden.
2. Jede Brotscheibe mit einer großzügigen Schicht Hummus bestreichen.
3. Die Paprikastreifen, Gurkenscheiben und Karottenscheiben gleichmäßig auf zwei der Brotscheiben verteilen.
4. Die Rucola- oder Spinatblätter auf das Gemüse legen. Optional lassen sich rote Zwiebelringe oder Avocadoscheiben hinzufügen, um zusätzliche Geschmacksnuancen und Texturen zu erzielen.
5. Die restlichen beiden Brotscheiben auf die belegten Scheiben legen und das Sandwich leicht zusammendrücken.
6. Die veganen Sandwiches in zwei Hälften schneiden und servieren.

Kapitel 2.
Mittagessen

Das Kochbuch für Teenager

Caesar-Salat mit Caesar-Dressing

Zubereitungszeit
20 min

Kochzeit
Keine

Portionen
2

ZUTATEN

- 1 großer Römersalatkopf, gezupft
- 1 Tasse Croûtons
- 1/2 Tasse frisch geriebener Parmesan
- 1 Hühnerbrustfilet, gekocht und geschnitten
- 1/2 Tasse Mayonnaise
- 1 Knoblauchzehe, zerdrückt
- 1 TL Sardellenpaste oder fein gehackte Sardellen
- 2 EL frischer Zitronensaft
- 1 TL Worcestersauce
- 1/2 TL Senf
- Salz und Pfeffer, nach Geschmack

ZUBEREITUNG

1. In einer großen Salatschüssel die Römersalatblätter mit den Croûtons und dem Parmesan vermischen.
2. In einer kleinen Schüssel Mayonnaise, zerdrückten Knoblauch, Sardellenpaste, Zitronensaft, Worcestersauce und Senf vermischen. Mit Salz und Pfeffer abschmecken und bei Bedarf nachwürzen.
3. Das Caesar-Dressing über den Salat gießen und alles gut vermischen, damit der Salat gleichmäßig mit dem Dressing überzogen ist.
4. Falls gewünscht, das gekochte und in Streifen geschnittene Hühnerbrustfilet auf den Salat legen oder unterheben.
5. Den Caesar-Salat auf Tellern anrichten und sofort servieren.

Spinatsalat mit Beeren und Balsamico-Dressing

Zubereitungszeit	Kochzeit	Portionen
15 min	Keine	2

ZUTATEN

- 6 Tassen frischer Spinat, gewaschen und trocken geschleudert
- 1 Tasse Erdbeeren, gewaschen, entstielt und halbiert
- 1 Tasse Blaubeeren, gewaschen
- 1 Tasse Himbeeren, gewaschen
- 1/2 Tasse gehackte Walnüsse, geröstet
- 1/2 Tasse zerbröckelter Ziegenkäse oder Feta-Käse
- 1/4 Tasse Balsamico-Essig
- 1/2 Tasse Olivenöl
- 1 EL Honig
- Salz und Pfeffer, nach Geschmack

ZUBEREITUNG

1. In einer großen Salatschüssel den Spinat mit den Erdbeeren, Blaubeeren und Himbeeren vermischen.
2. Die gerösteten Walnüsse und den zerbröckelten Ziegenkäse oder Feta-Käse hinzufügen und vorsichtig unterheben.
3. In einer kleinen Schüssel Balsamico-Essig, Olivenöl, Honig, Salz und Pfeffer vermischen. Abschmecken und bei Bedarf nachwürzen.
4. Das Balsamico-Dressing kurz vor dem Servieren über den Salat gießen und alles gut vermischen, damit der Salat gleichmäßig mit dem Dressing überzogen ist.
5. Den Spinatsalat mit Beeren und Balsamico-Dressing auf Tellern anrichten und sofort servieren.

Rucola-Tomaten-Salat

ANGABEN

Zubereitungszeit	Kochzeit	Portionen
10 min	Keine	2

ZUTATEN

- 100 g Rucola
- 200 g Kirschtomaten, halbiert
- 1/4 rote Zwiebel, in dünne Ringe geschnitten
- 2 EL Olivenöl
- 1 EL Balsamico-Essig
- Salz und frisch gemahlener schwarzer Pfeffer, nach Geschmack
- 30 g Parmesan, in dünne Späne gehobelt

ZUBEREITUNG

1. Rucola gründlich waschen, trockenschleudern und in eine Salatschüssel geben.
2. Kirschtomaten und rote Zwiebelringe zum Rucola hinzufügen.
3. In einer kleinen Schüssel Olivenöl und Balsamico-Essig vermischen. Mit Salz und Pfeffer abschmecken.
4. Das Dressing über den Salat gießen und vorsichtig vermengen.
5. Den Salat auf zwei Teller verteilen und mit Parmesanspänen garnieren. Sofort servieren.

Quinoa-Salat mit Avocado Limetten-Dressing

Zubereitungszeit
20 min

Kochzeit
15 min

Portionen
4

ZUTATEN

- 1 Tasse Quinoa, gekocht und abgekühlt
- 1 Tasse halbierte Kirschtomaten
- 1 Tasse Maiskörner
- 1 Tasse schwarze Bohnen, abgespült und abgetropft
- 1/2 Tasse fein geschnittene rote Zwiebel
- 1/2 Tasse gehackter Koriander
- 1 Avocado, gewürfelt

Für das Avocado-Limetten-Dressing:

- 1 reife Avocado, geschält und entkernt
- 1/4 Tasse frischer Limettensaft
- 1/4 Tasse Olivenöl
- 1 Knoblauchzehe, zerdrückt
- 1/4 Tasse frischer Koriander, gehackt
- Salz und Pfeffer

ZUBEREITUNG

1. In einer großen Salatschüssel den gekochten und abgekühlten Quinoa mit den Kirschtomaten, Maiskörnern, schwarzen Bohnen, roten Zwiebeln und Koriander vermischen.
2. In einer Küchenmaschine oder einem Mixer die Zutaten für das Avocado-Limetten-Dressing verarbeiten: Avocado, Limettensaft, Olivenöl, Knoblauch, Koriander, Salz und Pfeffer. Das Dressing sollte glatt und cremig sein.
3. Das Avocado-Limetten-Dressing über den Quinoa-Salat gießen und alles gut vermischen, damit der Salat gleichmäßig mit dem Dressing überzogen ist.
4. Die gewürfelte Avocado vorsichtig unter den Salat heben.
5. Den Quinoa-Salat mit Avocado-Limetten-Dressing auf Tellern anrichten und sofort servieren oder im Kühlschrank aufbewahren, bis er serviert wird.

Hähnchen-Caesar-Wrap

Zubereitungszeit	Kochzeit	Portionen
20 min	10 min	2

ZUTATEN

- 2 große Tortilla-Wraps
- 2 Tassen gekochtes, in Streifen geschnittenes Hähnchen (gegrillt oder gebraten)
- 4 Tassen Römersalat, gewaschen und grob gehackt
- 1/2 Tasse geriebener Parmesan
- 1/4 Tasse Caesar-Dressing
- Optional: Croutons

ZUBEREITUNG

1. In einer großen Schüssel den Römersalat, das gekochte Hähnchen, den geriebenen Parmesan und das Caesar-Dressing vermischen. Alles gut vermengen, damit der Salat gleichmäßig mit dem Dressing überzogen ist. Wenn gewünscht, Croutons hinzufügen.
2. Einen großen Tortilla-Wrap auf eine saubere Arbeitsfläche legen. Die Hälfte der Hähnchen-Caesar-Mischung auf der unteren Hälfte der Tortilla verteilen, dabei einen Rand von etwa 2,5 cm am unteren Rand und an den Seiten frei lassen.
3. Den Wrap von der unteren Kante aus aufrollen und dabei die Seiten nach innen falten, um die Füllung zu verschließen. Den Vorgang mit dem zweiten Wrap und der restlichen Füllung wiederholen.
4. Die Hähnchen-Caesar-Wraps diagonal halbieren und servieren.

Zubereitungszeit
15 min

Kochzeit
Keine

Portionen
2

Mediterraner Veggie-Wrap

ZUTATEN

- 2 große Tortilla-Wraps
- 1 Tasse Hummus
- 1 Tasse gewürfelte Gurke
- 1 Tasse gewürfelte Tomate
- 1/2 Tasse gewürfelte rote Zwiebel
- 1 Tasse Rucola oder Spinat
- 1/2 Tasse entkernte und in Scheiben geschnittene Oliven
- 1/2 Tasse zerbröselter Feta-Käse
- gewaschen und getrocknet
- Optional: 1/4 Tasse gehackte frische Petersilie

ZUBEREITUNG

1. Legen Sie einen großen Tortilla-Wrap auf eine saubere Arbeitsfläche. Bestreichen Sie die Mitte der Tortilla gleichmäßig mit der Hälfte des Hummus.
2. Die gewürfelte Gurke, Tomate, rote Zwiebel und Oliven auf dem Hummus verteilen. Feta-Käse darüber zerbröseln.
3. Rucola oder Spinat über die Gemüse- und Käseschicht streuen. Optional gehackte Petersilie hinzufügen, wenn gewünscht.
4. Den Wrap von der unteren Kante aus aufrollen und dabei die Seiten nach innen falten, um die Füllung zu verschließen. Wiederholen Sie den Vorgang mit dem zweiten Wrap und den restlichen Zutaten.
5. Die Mediterranen Veggie-Wraps diagonal halbieren und servieren.

Frühstücks-Burrito mit Ei und Chorizo

ZUTATEN

- 200 g Chorizo, gewürfelt
- 1 EL Öl
- 6 Eier, verquirlt
- Salz und Pfeffer, nach Geschmack
- 100 g geriebener Cheddar-Käse
- 4 große Weizen-Tortillas
- Optional: Salsa, Guacamole und saure Sahne zum Servieren

Zubereitungszeit
15 min

Kochzeit
10 min

Portionen
4

ZUBEREITUNG

1. Erhitze das Öl in einer Pfanne bei mittlerer Hitze. Füge die gewürfelte Chorizo hinzu und brate sie für 5-7 Minuten, bis sie knusprig ist. Nimm die Chorizo aus der Pfanne und lege sie beiseite.
2. Gib die verquirlten Eier in die Pfanne, würze sie mit Salz und Pfeffer und rühre sie um, bis sie gar sind. Nimm die Eier aus der Pfanne und lege sie beiseite.
3. Lege eine Tortilla auf eine Arbeitsfläche. Verteile ein Viertel der Eier und ein Viertel der Chorizo in der Mitte der Tortilla. Streue ein Viertel des geriebenen Cheddar-Käses darüber.
4. Klappe die Seiten der Tortilla über die Füllung und rolle sie dann fest zusammen. Wiederhole den Vorgang mit den restlichen Tortillas und Zutaten.
5. Optional: Erwärme die Burritos in einer Pfanne oder auf einem Grill, bis sie knusprig sind und der Käse geschmolzen ist. Serviere die Frühstücks-Burritos mit Salsa, Guacamole und saurer Sahne, falls gewünscht.

BBQ-Hähnchen-Wrap

Zubereitungszeit
20 min

Kochzeit
15 min

Portionen
4

ZUTATEN

- 2 Hähnchenbrustfilets, in Streifen geschnitten
- 1 EL Öl
- Salz und Pfeffer, nach Geschmack
- 100 ml BBQ-Sauce
- 4 große Weizen-Tortillas
- 100 g geriebener Cheddar-Käse
- 1/2 Kopf Eisbergsalat, in feine Streifen geschnitten
- 1 Tomate, gewürfelt
- 1 rote Zwiebel, in dünne Ringe geschnitten

ZUBEREITUNG

1. Erhitze das Öl in einer Pfanne bei mittlerer Hitze. Füge die Hähnchenstreifen hinzu, würze sie mit Salz und Pfeffer und brate sie für 5-7 Minuten, bis sie durchgegart sind.
2. Gib die BBQ-Sauce in die Pfanne und verrühre sie mit dem Hähnchen. Koche die Mischung für weitere 2-3 Minuten, bis die Sauce leicht eingedickt ist. Nimm die Pfanne vom Herd und lasse das Hähnchen etwas abkühlen.
3. Lege eine Tortilla auf eine Arbeitsfläche. Verteile ein Viertel des Hähnchens in der Mitte der Tortilla. Streue ein Viertel des geriebenen Cheddar-Käses darüber, gefolgt von Eisbergsalat, Tomatenwürfeln und roten Zwiebelringen.
4. Klappe die Seiten der Tortilla über die Füllung und rolle sie dann fest zusammen. Wiederhole den Vorgang mit den restlichen Tortillas und Zutaten.
5. Optional: Erwärme die Wraps in einer Pfanne oder auf einem Grill für 1-2 Minuten auf jeder Seite, bis sie leicht knusprig sind. Schneide die BBQ-Hähnchen-Wraps in der Mitte durch und serviere sie warm.

Penne alla Arrabbiata

Zubereitungszeit
10 min

Kochzeit
15 min

Portionen
2

ZUTATEN

- 200 g Penne
- Salz
- 2 EL Olivenöl
- 2 Knoblauchzehen, gehackt
- 1/2 TL rote Chiliflocken
- 400 g stückige Tomaten (aus der Dose)
- 1/2 TL Zucker
- Frisch gemahlener schwarzer Pfeffer
- Frische Petersilie oder Basilikum zum Garnieren

ZUBEREITUNG

1. Einen großen Topf mit Wasser zum Kochen bringen, reichlich Salz hinzufügen und die Penne nach Packungsanweisung al dente kochen.
2. Während die Pasta kocht, das Olivenöl in einer Pfanne bei mittlerer Hitze erwärmen. Gehackten Knoblauch und Chiliflocken hinzufügen und 1-2 Minuten anbraten, bis der Knoblauch leicht goldbraun ist.
3. Die stückigen Tomaten, Zucker, Salz und Pfeffer in die Pfanne geben und bei mittlerer Hitze 10-15 Minuten köcheln lassen, bis die Sauce etwas eingedickt ist.
4. Die gekochten Penne abgießen und direkt in die Arrabbiata-Sauce geben. Gut vermischen, sodass die Penne gleichmäßig mit der Sauce überzogen sind.
5. Die Penne alla Arrabbiata auf Teller verteilen und nach Belieben mit gehackter Petersilie oder Basilikum garnieren. Sofort servieren.

Fettuccine Alfredo

Zubereitungszeit 5 min | Kochzeit 15 min | Portionen 2

ZUTATEN

- 200 g Fettuccine
- Salz
- 60 g ungesalzene Butter
- 120 ml Sahne
- 1 Knoblauchzehe, fein gehackt (optional)
- 60 g frisch geriebener Parmesan
- Frisch gemahlener schwarzer Pfeffer
- Frische Petersilie zum Garnieren

ZUBEREITUNG

1. Einen großen Topf mit Wasser zum Kochen bringen, reichlich Salz hinzufügen und die Fettuccine nach Packungsanweisung al dente kochen.
2. In der Zwischenzeit die Butter in einer großen Pfanne bei mittlerer Hitze schmelzen. Knoblauch (falls verwendet) hinzufügen und 1 Minute kochen lassen, bis er duftet. Sahne hinzufügen und zum Kochen bringen. Hitze reduzieren und die Sahne 5 Minuten köcheln lassen, bis sie leicht eingedickt ist.
3. Den frisch geriebenen Parmesan zur Sahnesauce geben und gut verrühren, bis der Käse geschmolzen ist und die Sauce glatt ist. Mit Salz und Pfeffer abschmecken.
4. Die gekochten Fettuccine abgießen und direkt in die Alfredo-Sauce geben. Die Pasta gut mit der Sauce vermischen, sodass die Fettuccine gleichmäßig überzogen sind.
5. Die Fettuccine Alfredo auf Teller verteilen und nach Belieben mit gehackter Petersilie garnieren. Sofort servieren.

Zubereitungszeit
10 min

Kochzeit
10 min

Portionen
2

ZUTATEN

- 200 g Farfalle
- Salz
- 100 g frisches Basilikumpesto
- 200 g Kirschtomaten, halbiert
- 2 EL Olivenöl
- Frisch gemahlener schwarzer Pfeffer
- geriebener Parmesan

Pesto-Farfalle mit Kirschtomaten

ZUBEREITUNG

1. Einen großen Topf mit Wasser zum Kochen bringen, reichlich Salz hinzufügen und die Farfalle nach Packungsanweisung al dente kochen.
2. Während die Pasta kocht, das Olivenöl in einer Pfanne bei mittlerer Hitze erwärmen. Die halbierten Kirschtomaten hinzufügen und 5-7 Minuten anbraten, bis sie weich und leicht karamellisiert sind. Mit Salz und Pfeffer würzen.
3. Die gekochten Farfalle abgießen und dabei 1/4 Tasse des Pastawassers auffangen.
4. Die abgetropften Farfalle und das Basilikumpesto zu den Kirschtomaten in der Pfanne geben. Alles gut vermischen und bei Bedarf etwas vom aufgefangenen Pastawasser hinzufügen, um die gewünschte Konsistenz zu erreichen.
5. Die Pesto-Farfalle mit Kirschtomaten auf Teller verteilen und nach Belieben mit geriebenem Parmesan bestreuen. Sofort servieren.

One-Pot-Pasta mit Spinat und Kirschtomaten

ZUTATEN

- 400 g Linguine oder Spaghetti
- 500 ml Gemüsebrühe
- 250 g Kirschtomaten, halbiert
- 200 g frischer Spinat, gewaschen und grob gehackt
- 1 Zwiebel, fein gehackt
- 2 Knoblauchzehen, fein gehackt
- 2 EL Olivenöl
- Salz und frisch gemahlener schwarzer Pfeffer

Zubereitungszeit	Kochzeit	Portionen
10 min	20 min	4

ZUBEREITUNG

1. In einem großen, tiefen Topf oder einer Pfanne das Olivenöl bei mittlerer Hitze erwärmen. Die gehackte Zwiebel und den Knoblauch hinzufügen und 3-4 Minuten anschwitzen, bis sie weich und duftend sind.
2. Die halbierten Kirschtomaten und den Spinat hinzufügen, gut umrühren und weitere 2-3 Minuten köcheln lassen, bis der Spinat leicht zusammenfällt.
3. Die ungekochte Pasta und die Gemüsebrühe zum Topf hinzufügen. Die Pasta gleichmäßig im Topf verteilen und sicherstellen, dass sie vollständig von der Flüssigkeit bedeckt ist. Bei mittlerer Hitze zum Kochen bringen, dann die Hitze reduzieren und etwa 10-12 Minuten köcheln lassen (oder entsprechend der Packungsanweisung), bis die Pasta al dente ist und die meiste Flüssigkeit aufgenommen wurde. Während des Kochens regelmäßig umrühren, um ein Ankleben der Pasta zu verhindern.
4. Mit Salz und Pfeffer abschmecken und bei Bedarf weitere Gewürze hinzufügen.
5. Die One-Pot-Pasta mit Spinat und Kirschtomaten auf Teller verteilen und nach Belieben mit geriebenem Parmesan bestreuen. Sofort servieren.

Margherita-Pizza

Zubereitungszeit
15 min

Backzeit
12-15 min

Portionen
2-3

ZUTATEN

- 250 g Mehl
- 1 TL Salz
- 1 TL Zucker
- 1 TL Trockenhefe
- 160 ml lauwarmes Wasser
- 1 EL Olivenöl
- 150 ml Tomatensoße (passierte Tomaten)
- 1 TL getrockneter Oregano
- 125 g Mozzarella, in Scheiben geschnitten
- 5-6 frische Basilikumblätter
- Salz und Pfeffer, nach Geschmack
- 1 EL Olivenöl zum Beträufeln

ZUBEREITUNG

1. Mehl, Salz, Zucker und Hefe in einer Schüssel vermischen. Wasser und Öl hinzufügen, zu einem Teig verkneten. Abdecken, 1 Stunde gehen lassen.
2. Backofen auf 250°C vorheizen. Teig auf bemehlter Arbeitsfläche ausrollen, auf ein mit Backpapier belegtes Backblech legen.
3. Teig mit Tomatensoße bestreichen, Oregano, Salz und Pfeffer darauf verteilen. Mozzarellascheiben auflegen.
4. Pizza 10-12 Minuten backen, bis der Rand goldbraun ist und der Käse geschmolzen ist.
5. Mit frischen Basilikumblättern belegen, mit Olivenöl beträufeln und servieren.

BBQ-Hähnchen-Pizza

Zubereitungszeit
20 min

Backzeit
15-20 min

Portionen
2-3

ZUTATEN

- 250 g Mehl
- 1 TL Salz
- 1 TL Zucker
- 1 TL Trockenhefe
- 160 ml lauwarmes Wasser
- 1 EL Olivenöl
- 150 ml BBQ-Sauce
- 200 g Hähnchenbrust, gekocht und in Streifen geschnitten
- 1 rote Zwiebel, in dünne Ringe geschnitten
- 150 g Mozzarella, in Scheiben geschnitten
- 50 g geriebener Cheddar
- 2 EL frische Korianderblätter

ZUBEREITUNG

1. Mehl, Salz, Zucker und Hefe in einer Schüssel vermischen. Wasser und Öl hinzufügen, zu einem Teig verkneten. Abdecken, 1 Stunde gehen lassen.
2. Backofen auf 250°C vorheizen. Teig auf bemehlter Arbeitsfläche ausrollen, auf ein mit Backpapier belegtes Backblech legen.
3. Teig mit BBQ-Sauce bestreichen. Hähnchenstreifen und Zwiebelringe darauf verteilen. Mozzarella und Cheddar darüber streuen.
4. Pizza 10-12 Minuten backen, bis der Rand goldbraun ist und der Käse geschmolzen ist.
5. Mit frischen Korianderblättern bestreuen und servieren.

Veggie-Pizza mit Paprika, Zwiebeln und Oliven

ZUTATEN

- 250 g Mehl
- 1 TL Salz
- 1 TL Zucker
- 1 TL Trockenhefe
- 160 ml lauwarmes Wasser
- 2 EL Olivenöl
- 150 ml Tomatensoße
- 1 mittelgroße rote Paprika, in dünne Streifen geschnitten
- 1 mittelgroße gelbe Paprika, in dünne Streifen geschnitten
- 1 kleine rote Zwiebel
- 50 g entsteinte schwarze Oliven, halbiert
- 200 g Mozzarella, gerieben oder in Scheiben geschnitten
- 1 EL getrockneter Oregano
- Salz und Pfeffer nach Geschmack

Zubereitungszeit 20 min | Backzeit 15-20 min | Portionen 2-3

ZUBEREITUNG

1. Mehl, Salz, Zucker und Hefe in einer Schüssel vermischen. Wasser und Öl hinzufügen, zu einem Teig verkneten. Abdecken, 1 Stunde gehen lassen.
2. Den Ofen auf 220°C vorheizen. Den Teig auf einer bemehlten Arbeitsfläche zu einem 30 cm großen Kreis ausrollen und auf ein mit Backpapier belegtes Backblech legen.
3. Tomatensauce gleichmäßig auf dem Pizzateig verteilen, dabei einen kleinen Rand frei lassen. Geriebenen Mozzarella darüber streuen.
4. Die vorbereiteten Paprikastreifen, Zwiebelringe und Olivenscheiben gleichmäßig auf der Pizza verteilen.
5. Die Pizza mit getrocknetem Oregano bestreuen und nach Geschmack mit Salz und Pfeffer würzen.
6. Die Pizza im vorgeheizten Ofen für 15-20 Minuten backen, bis der Teig knusprig und der Käse geschmolzen und leicht gebräunt ist.
7. Die Pizza aus dem Ofen nehmen, kurz abkühlen lassen und in Stücke schneiden. Sofort servieren.

Spinat-Feta-Pizza

Zubereitungszeit
15 min

Backzeit
12-15 min

Portionen
2-3

ZUTATEN

- 250 g Mehl
- 1 TL Salz
- 1 TL Zucker
- 1 TL Trockenhefe
- 300 g frischer Spinat
- 1 Zwiebel, gehackt
- 1 EL Olivenöl
- 1/2 TL Salz
- 1/4 TL frisch gemahlener schwarzer Pfeffer
- 1/4 TL Muskatnuss
- 2 Knoblauchzehen, gehackt
- 200 g Feta-Käse, zerbröckelt
- 200 g Mozzarella-Käse, gerieben
- 2 EL Parmesan, gerieben

ZUBEREITUNG

1. Mehl, Salz, Zucker und Hefe in einer Schüssel vermischen. Wasser und Öl hinzufügen, zu einem Teig verkneten. Abdecken, 1 Stunde gehen lassen.
2. Ofen auf 250°C (Ober-/Unterhitze) vorheizen.
3. Spinat in einem Topf bei mittlerer Hitze zusammenfallen lassen, abtropfen und abkühlen lassen. Überschüssige Flüssigkeit ausdrücken.
4. Olivenöl in einer Pfanne erhitzen, Zwiebel und Knoblauch anbraten, bis sie weich sind.
5. Teig auf einem mit Backpapier ausgelegten Backblech auslegen und gleichmäßig ausrollen. Den Spinat, die Zwiebel und den Knoblauch auf dem Teig verteilen.
6. Feta-Käse und Mozzarella über den Spinat streuen.
7. Mit Parmesan, Salz, Pfeffer und Muskatnuss würzen.
8. Die Pizza im vorgeheizten Ofen ca. 12-15 Minuten backen, bis der Käse geschmolzen und der Rand goldbraun ist.
9. Die fertige Pizza aus dem Ofen nehmen, in Stücke schneiden und servieren.

BBQ-Bacon-Burger

ANGABEN

Zubereitungszeit	Kochzeit	Portionen
20 min	10 min	4

ZUTATEN

- 500 g Rinderhackfleisch
- Salz und Pfeffer zum Abschmecken
- 8 Scheiben Bacon
- 4 Scheiben Cheddar-Käse
- 4 Hamburger-Brötchen
- 1 Tomate, in Scheiben geschnitten
- 1/2 rote Zwiebel, in dünne Ringe geschnitten
- 4 Salatblätter
- BBQ-Sauce, nach Belieben

ZUBEREITUNG

1. Rinderhackfleisch in eine Schüssel geben und mit Salz und Pfeffer würzen. Mische das Hackfleisch gut und forme daraus 4 gleichmäßige, runde Patties. Achte darauf, dass die Patties in der Mitte etwas dünner sind als am Rand, damit sie beim Grillen gleichmäßig garen.
2. Den Grill oder eine Grillpfanne auf mittlerer bis hoher Hitze vorheizen. Die Burger-Patties auf den Grill legen und 3-4 Minuten pro Seite grillen, bis sie gut gebräunt sind und die gewünschte Garstufe erreicht haben.
3. Während die Patties grillen, den Bacon in einer Pfanne bei mittlerer Hitze braten, bis er knusprig ist. Auf Küchenpapier abtropfen lassen.
4. Eine Minute bevor die Patties fertig sind, jeweils eine Scheibe Cheddar-Käse auf jedes Patty legen, damit der Käse schmilzt.
5. Die Brötchen halbieren und kurz auf dem Grill rösten, bis sie leicht gebräunt sind.
6. Die Burger zusammenstellen: Unterseite des Brötchens, BBQ-Sauce, Salatblatt, Patty mit Käse, zwei Scheiben Bacon, Tomatenscheibe, Zwiebelringe, Essiggurken (optional) und die Oberseite des Brötchens. Füge nach Belieben Mayonnaise hinzu.

Klassischer Cheeseburger

Zubereitungszeit
15 min

Kochzeit
10 min

Portionen
4

ZUTATEN

- 500 g Rinderhackfleisch
- Salz und Pfeffer zum Abschmecken
- 4 Scheiben Cheddar-Käse
- 4 Hamburger-Brötchen
- 1 Tomate, in Scheiben geschnitten
- 1/2 rote Zwiebel, in dünne Ringe geschnitten
- 4 Salatblätter
- Ketchup, Mayonnaise und Senf, nach Belieben

ZUBEREITUNG

1. Rinderhackfleisch in eine Schüssel geben und mit Salz und Pfeffer würzen. Mische das Hackfleisch gut und forme daraus 4 gleichmäßige, runde Patties. Achte darauf, dass die Patties in der Mitte etwas dünner sind als am Rand, damit sie beim Grillen gleichmäßig garen.
2. Den Grill oder eine Grillpfanne auf mittlerer bis hoher Hitze vorheizen. Die Burger-Patties auf den Grill legen und 3-4 Minuten pro Seite grillen, bis sie gut gebräunt sind und die gewünschte Garstufe erreicht haben.
3. Eine Minute bevor die Patties fertig sind, jeweils eine Scheibe Cheddar-Käse auf jedes Patty legen, damit der Käse schmilzt.
4. Die Brötchen halbieren und kurz auf dem Grill rösten, bis sie leicht gebräunt sind.
5. Die Burger zusammenstellen: Unterseite des Brötchens, Ketchup und Senf, Salatblatt, Patty mit Käse, Tomatenscheibe, Zwiebelringe, Essiggurken (optional) und die Oberseite des Brötchens. Füge nach Belieben Mayonnaise hinzu.
6. Sofort servieren und genießen.

Linsen-Burger mit Avocado

Zubereitungszeit
40 min

Kochzeit
20 min

Portionen
4

ZUTATEN

- 1 Tasse grüne oder braune Linsen, gekocht
- 1/2 Tasse Haferflocken
- 1 Zwiebel, fein gehackt
- 2 Knoblauchzehen, fein gehackt
- 1/2 Tasse Paniermehl
- 1 Teelöffel Kreuzkümmel
- Salz und Pfeffer nach Geschmack
- 4 Burger-Brötchen
- Salatblätter, Tomaten und Zwiebelringe zum Belegen
- Öl zum Braten
- 1 Avocado, in Scheiben geschnitten
- 1 Ei

ZUBEREITUNG

1. Koche die Linsen bei mittlerer Hitze ca. 20 min.
2. Die gekochten Linsen, Haferflocken, Zwiebel, Knoblauch, Ei, Paniermehl, Kreuzkümmel, Salz und Pfeffer in einer Schüssel vermengen.
3. Die Mischung in vier gleichgroße Portionen teilen und Burger-Patties formen.
4. In einer Pfanne etwas Öl erhitzen und die Patties bei mittlerer Hitze ca. 4-5 Minuten pro Seite braten, bis sie goldbraun sind.
5. Die Burger-Brötchen aufschneiden und auf der unteren Hälfte Salat, Tomaten und Zwiebelringe verteilen.
6. Die gebratenen Linsen-Patties darauflegen und mit Avocado-Scheiben belegen.
7. Die obere Brötchenhälfte aufsetzen und servieren.

Zubereitungszeit
20 min

Kochzeit
10 min

Portionen
4

Mediterraner Kichererbsen-Burger

ZUTATEN

- 1 Dose (ca. 400g) Kichererbsen, abgetropft und abgespült
- 1 kleine Zwiebel, fein gewürfelt
- 1 Knoblauchzehe, gehackt
- 1 EL Olivenöl
- 50 g Semmelbrösel
- 1 EL Zitronensaft
- 1/2 TL Kreuzkümmel
- 1/2 TL Paprikapulver
- Salz und Pfeffer nach Geschmack
- 4 Burgerbrötchen
- Beläge nach Wahl
- 1 EL Tahini

ZUBEREITUNG

1. Die Kichererbsen in einer Schüssel mit einer Gabel oder einem Kartoffelstampfer zerdrücken, bis eine grobe Masse entsteht.
2. Zwiebel, Knoblauch, Semmelbrösel, Tahini, Zitronensaft, Kreuzkümmel, Paprikapulver, Salz und Pfeffer hinzufügen. Alles gut vermengen, bis eine formbare Masse entsteht. Bei Bedarf mehr Semmelbrösel hinzufügen.
3. Die Masse in vier gleichgroße Portionen teilen und zu Burgerpatties formen.
4. Olivenöl in einer Pfanne erhitzen und die Patties bei mittlerer Hitze von beiden Seiten ca. 4-5 Minuten braten, bis sie goldbraun und durchgegart sind.
5. Die Burgerbrötchen aufschneiden und nach Belieben toasten. Die Kichererbsen-Patties auf die unteren Hälften legen und mit den gewünschten Belägen belegen. Die oberen Brötchenhälften daraufsetzen und servieren.

KAPITEL 3. ABENDESSEN

Das Kochbuch für Teenager

Linseneintopf mit Wurzelgemüse

ZUTATEN

- 1 Tasse grüne oder braune Linsen, gespült und abgetropft
- 2 Esslöffel Olivenöl
- 1 Zwiebel, gewürfelt
- 2 Karotten, gewürfelt
- 2 Selleriestangen, gewürfelt
- 1 Pastinake, gewürfelt
- 2 Knoblauchzehen, gehackt
- 6 Tassen Gemüsebrühe
- 1 Teelöffel Kreuzkümmel
- 1 Teelöffel Paprika
- 1 Teelöffel Thymian
- Salz und Pfeffer nach Geschmack
- 2 Esslöffel Tomatenmark
- 2 Tassen gehackter Grünkohl oder Spinat
- Saft einer halben Zitrone

Zubereitungszeit	Kochzeit	Portionen
15 min	50 min	6

ZUBEREITUNG

1. Erwärmt das Olivenöl in einem großen Topf auf mittlerer Hitze. Fügt die Zwiebel, Karotten, Sellerie, Pastinake und Knoblauch hinzu und kocht sie für 5-7 Minuten, bis das Gemüse weich ist.
2. Anschließend die Linsen, Gemüsebrühe, Kreuzkümmel, Paprika, Thymian, Salz und Pfeffer einrühren. Das Tomatenmark hinzufügen und alles zum Kochen bringen. Danach die Hitze reduzieren und 30-40 Minuten köcheln lassen, bis die Linsen weich sind.
3. Sobald die Linsen gar sind, den gehackten Grünkohl oder Spinat und den Zitronensaft hinzufügen. Alles gut vermischen und den Eintopf noch weitere 5 Minuten köcheln lassen, bis der Grünkohl oder Spinat welk ist.
4. Abschmecken und bei Bedarf nachwürzen. Den Eintopf heiß servieren, eventuell mit einem Stück knusprigem Brot.

Kürbiscremesuppe

Zubereitungszeit
15 min

Kochzeit
30 min

Portionen
4

ZUTATEN

- Öl zum Anbraten
- 1 große Zwiebel, gewürfelt
- 2 Knoblauchzehen, gehackt
- 1 mittelgroßer Kürbis, gewürfelt (etwa 1,5 bis 2 kg)
- 1 Liter Gemüsebrühe
- 200 ml Sahne oder Kokosmilch
- Salz und Pfeffer zum Abschmecken
- Optional zum Garnieren: Kürbiskerne und frischer Koriander

ZUBEREITUNG

1. In einem großen Topf das Öl erhitzen und die gewürfelte Zwiebel und den gehackten Knoblauch darin anschwitzen, bis sie glasig sind.
2. Die gewürfelten Kürbisstücke hinzufügen und für ca. 5 Minuten anbraten, dabei gelegentlich umrühren.
3. Die Gemüsebrühe zum Topf hinzufügen und zum Kochen bringen. Die Hitze reduzieren und die Suppe für ca. 20 Minuten köcheln lassen, bis der Kürbis weich ist.
4. Den Topf vom Herd nehmen und die Suppe mit einem Stabmixer oder in einem Standmixer pürieren, bis sie cremig ist. Die Sahne oder Kokosmilch hinzufügen und gut unterrühren. Die Suppe mit Salz und Pfeffer abschmecken.
5. Die Kürbiscremesuppe auf vier Teller verteilen und nach Wunsch mit Kürbiskernen und frischem Koriander garnieren. Heiß servieren.

ZUTATEN

- 6 Scheiben Speck, kleine Stücke schneiden
- 1 große Zwiebel, gewürfelt
- 2 Stangen Lauch, gewaschen und in Ringe geschnitten
- 2 Knoblauchzehen, gehackt
- 6 mittelgroße Kartoffeln, gewürfelt
- 6 Tassen Hühner- oder Gemüsebrühe
- 1 Teelöffel Salz
- 1/2 Teelöffel schwarzer Pfeffer
- 1/4 Teelöffel getrockneter Thymian
- 1 Tasse Sahne oder Milch
- Petersilie oder Schnittlauch zum Garnieren

Kartoffelsuppe mit Speck und Lauch

Zubereitungszeit	Kochzeit	Portionen
15 min	35 min	4

ZUBEREITUNG

1. In einem großen Topf den Speck bei mittlerer Hitze knusprig anbraten. Den Speck aus dem Topf nehmen und auf Küchenpapier abtropfen lassen, dabei das Fett im Topf lassen.
2. Zwiebel, Lauch und Knoblauch im Speckfett anschwitzen, bis sie weich und glasig sind (etwa 5-7 Minuten).
3. Die gewürfelten Kartoffeln hinzufügen und weitere 5 Minuten kochen, dabei gelegentlich umrühren.
4. Hühner- oder Gemüsebrühe, Salz, Pfeffer und Thymian hinzufügen und zum Kochen bringen. Die Hitze reduzieren und für etwa 20-25 Minuten köcheln lassen, bis die Kartoffeln weich sind.
5. Wenn die Kartoffeln weich sind, etwa die Hälfte der Suppe in einen Mixer oder eine Küchenmaschine geben und pürieren, bis sie glatt ist. Die pürierte Suppe zurück in den Topf geben und gut verrühren.
6. Sahne oder Milch einrühren und die Suppe bei niedriger Hitze für weitere 5 Minuten erhitzen, bis sie gut durchgewärmt ist.
7. Die Suppe mit dem knusprigen Speck bestreuen und nach Belieben mit Petersilie oder Schnittlauch garnieren. Heiß servieren.

Chili con Carne

ZUTATEN

- 500 g Rinderhackfleisch
- 1 Zwiebel, fein gewürfelt
- 2 Knoblauchzehen, fein gehackt
- 1 rote Paprika, gewürfelt
- 1 Dosen-Tomaten
- 1 Dosen-Kidneybohnen
- 1/2 Dosen-Mais, abgetropft
- 250 ml Rinderbrühe
- 2 EL Tomatenmark
- 1 EL Chilipulver
- 1 TL Kreuzkümmel
- 1 TL Paprikapulver
- Salz und Pfeffer, nach Geschmack
- 1 EL Pflanzenöl

Zubereitungszeit	Kochzeit	Portionen
20 min	50 min	6

ZUBEREITUNG

1. In einem großen Topf das Öl erhitzen, Zwiebeln und Knoblauch darin für 2-3 Minuten anschwitzen.
2. Hackfleisch zugeben und unter Rühren krümelig anbraten.
3. Paprika hinzufügen und für weitere 2-3 Minuten mitbraten.
4. Tomatenmark, Chilipulver, Kreuzkümmel und Paprikapulver hinzugeben und kurz anschwitzen.
5. Dosen-Tomaten und Rinderbrühe zugeben, gut umrühren und auf mittlerer Hitze 20-30 Minuten köcheln lassen.
6. Kidneybohnen und Mais unterrühren, mit Salz und Pfeffer abschmecken und weitere 10 Minuten köcheln lassen.
7. Chili con Carne heiß servieren, z.B. mit Reis, Brot oder Tortilla-Chips.

Garnelen-Avocado-Salat mit Limetten-Dressing

Zubereitungszeit
20 min

Kochzeit
5 min

Portionen
4

ZUTATEN

- 450 g geschälte und entdarmte Garnelen, gekocht
- 2 reife Avocados, gewürfelt
- 200 g Cherrytomaten, halbiert
- 1 kleine rote Zwiebel, fein gehackt
- 1/4 Bund frischer Koriander, grob gehackt
- Salz und Pfeffer nach Geschmack

Für das Limetten-Dressing:

- 60 ml frischer Limettensaft
- 60 ml Olivenöl
- 1 Knoblauchzehe, fein gehackt
- 1/2 TL Honig oder Agavendicksaft
- Salz und Pfeffer nach Geschmack

ZUBEREITUNG

1. Für das Dressing Limettensaft, Olivenöl, Knoblauch, Honig oder Agavendicksaft, Salz und Pfeffer in einer kleinen Schüssel verquirlen und beiseitestellen.
2. In einer großen Schüssel die Garnelen, Avocado, Cherrytomaten, rote Zwiebel und Koriander vermengen.
3. Das Limetten-Dressing über den Salat gießen und vorsichtig vermischen, um alle Zutaten gleichmäßig zu verteilen. Nach Bedarf mit Salz und Pfeffer abschmecken.
4. Den Salat auf Tellern anrichten und sofort servieren.

Lachsfilet mit Zitronen-Kräuter-Marinade

Zubereitungszeit
15 min

Kochzeit
12-15 min

Portionen
4

ZUTATEN

- 4 Lachsfilets (je ca. 150 g)
- 2 Zitronen, Saft und Abrieb
- 60 ml Olivenöl
- 2 Knoblauchzehen, fein gehackt
- 2 EL frischer Dill, fein gehackt
- 2 EL frische Petersilie, fein gehackt
- Salz und Pfeffer nach Geschmack

ZUBEREITUNG

1. In einer kleinen Schüssel Olivenöl, Zitronensaft, Zitronenschale, Knoblauch, Dill, Petersilie, Salz und Pfeffer vermischen, um die Marinade herzustellen.
2. Die Lachsfilets in eine flache Schale legen und die Marinade darüber gießen. 15-30 Minuten im Kühlschrank marinieren lassen.
3. Den Backofen auf 200 °C vorheizen. Ein Backblech mit Backpapier auslegen.
4. Die Lachsfilets aus der Marinade nehmen und auf das vorbereitete Backblech legen. Die restliche Marinade über die Lachsfilets träufeln.
5. Die Lachsfilets für 12-15 Minuten im Ofen backen, oder bis sie leicht rosa und leicht durchscheinend in der Mitte sind.
6. Den Lachs aus dem Ofen nehmen und kurz ruhen lassen. Dann auf Teller verteilen und servieren.

Dampfgegartes Seelachsfilet mit Zucchini und Tomaten

Zubereitungszeit
10 min

Kochzeit
15 min

Portionen
4

ZUTATEN

- 4 Seelachsfilets (je ca. 150 g)
- 2 mittelgroße Zucchini, in dünne Scheiben geschnitten
- 2 Tassen Kirschtomaten, halbiert
- 2 Knoblauchzehen, fein gehackt
- 2 EL extra natives Olivenöl
- Salz und Pfeffer nach Geschmack

ZUBEREITUNG

1. Den Dampfgarer oder Dampfeinsatz eines Topfes mit Wasser vorbereiten und erhitzen, bis der Dampf entsteht.
2. In einer großen Schüssel die Zucchinischeiben und halbierten Kirschtomaten mit dem gehackten Knoblauch und Olivenöl vermengen. Mit Salz und Pfeffer würzen.
3. Die Seelachsfilets mit Salz und Pfeffer würzen.
4. Die Seelachsfilets auf einem Teller oder in einem Dampfgarbehälter verteilen und das Zucchini-Tomaten-Gemüse darauf legen. Den Teller oder Dampfgarbehälter in den Dampfgarer oder auf den Dampfeinsatz des Topfes stellen.
5. Die Filets mit dem Gemüse 12-15 Minuten dämpfen, bis der Fisch gar ist und sich leicht mit einer Gabel zerteilen lässt.
6. Die dampfgegarten Seelachsfilets auf Tellern anrichten und mit dem Zucchini-Tomaten-Gemüse servieren. Nach Wunsch mit frischen Kräutern garnieren. Guten Appetit!

Mediterraner Thunfischsalat

Zubereitungszeit	Kochzeit	Portionen
15 min	Keine	4

ZUTATEN

- 2 Dosen Thunfisch in Wasser
- 1/2 Tasse Kirschtomaten, halbiert
- 1/2 Tasse grüne und/oder schwarze Oliven, entsteint und halbiert
- 1/4 Tasse rote Zwiebel, fein gewürfelt
- 1/4 Tasse frische Petersilie, gehackt
- 1 EL Kapern, abgespült und abgetropft
- 3 EL extra natives Olivenöl
- Saft von 1 Zitrone
- Salz und Pfeffer nach Geschmack

ZUBEREITUNG

1. In einer großen Schüssel den abgetropften Thunfisch zerteilen.
2. Die halbierten Kirschtomaten, Oliven, gewürfelte rote Zwiebel, gehackte Petersilie und Kapern hinzufügen.
3. In einer separaten Schüssel das Olivenöl und den Zitronensaft verrühren, mit Salz und Pfeffer abschmecken.
4. Das Dressing über den Thunfischsalat geben und gut vermischen, bis alle Zutaten gleichmäßig bedeckt sind.
5. Wenn gewünscht, den zerbröckelten Feta-Käse darüber streuen.
6. Den Salat im Kühlschrank mindestens 30 Minuten ziehen lassen, um die Aromen zu verstärken. Vor dem Servieren nochmals abschmecken und bei Bedarf nachwürzen. Guten Appetit!

Hähnchen-Paprika-Pfanne

ZUTATEN

- 500 g Hähnchenbrust, in Streifen geschnitten
- 2 Paprikaschoten (rot und gelb), in Streifen geschnitten
- 1 Zwiebel, fein gehackt
- 2 Knoblauchzehen, fein gehackt
- 1 EL Olivenöl
- 150 ml Hühnerbrühe
- 100 ml Sahne
- 1 EL Tomatenmark
- Salz und Pfeffer zum Abschmecken
- 1/2 TL Paprikapulver
- 1 EL frische Petersilie, gehackt (optional)

Zubereitungszeit 15 min

Kochzeit 20 min

Portionen 4

ZUBEREITUNG

1. Erhitze das Olivenöl in einer großen Pfanne bei mittlerer Hitze. Füge die Zwiebel und den Knoblauch hinzu und brate sie 2-3 Minuten an, bis sie weich sind.
2. Füge die Hähnchenbruststreifen hinzu und brate sie für 5-7 Minuten, bis sie durchgegart sind. Wende sie regelmäßig, um gleichmäßiges Garen zu gewährleisten.
3. Gib die Paprikastreifen in die Pfanne und brate sie 3-4 Minuten lang mit, bis sie weich, aber noch bissfest sind.
4. Füge die Hühnerbrühe, Sahne und Tomatenmark hinzu. Rühre alles gut um und bringe die Mischung zum Köcheln.
5. Lass die Pfanne bei niedriger Hitze köcheln, bis die Sauce etwas eingedickt ist (etwa 5 Minuten). Würze mit Salz, Pfeffer und Paprikapulver.
6. Vor dem Servieren mit gehackter Petersilie bestreuen, wenn gewünscht. Die Hähnchen-Paprika-Pfanne kann mit Reis, Nudeln oder Kartoffeln serviert werden.

Putenstreifen in Senf-Sahne-Sauce

Zubereitungszeit
15 min

Kochzeit
20 min

Portionen
4

ZUTATEN

- 500 g Putenbrust, in Streifen geschnitten
- 1 EL Olivenöl
- 1 Zwiebel, fein gehackt
- 2 Knoblauchzehen, fein gehackt
- 200 ml Sahne
- 100 ml Hühnerbrühe
- 2 EL Dijon-Senf
- Salz und Pfeffer zum Abschmecken
- 1/2 TL getrockneter Thymian

ZUBEREITUNG

1. Erhitze das Olivenöl in einer großen Pfanne bei mittlerer Hitze. Füge die Zwiebel und den Knoblauch hinzu und brate sie 2-3 Minuten an, bis sie weich sind.
2. Füge die Putenstreifen hinzu und brate sie für 5-7 Minuten, bis sie durchgegart sind. Wende sie regelmäßig, um gleichmäßiges Garen zu gewährleisten.
3. In der Zwischenzeit, in einer Schüssel, Sahne, Hühnerbrühe und Dijon-Senf vermischen. Mit Salz, Pfeffer und Thymian würzen.
4. Gieße die Senf-Sahne-Mischung über die Putenstreifen in der Pfanne und rühre gut um. Bringe die Sauce zum Köcheln und reduziere die Hitze.
5. Lass die Pfanne bei niedriger Hitze für 10-12 Minuten köcheln, bis die Sauce eingedickt ist.
6. Vor dem Servieren mit frischer Petersilie garnieren, wenn gewünscht. Die Putenstreifen in Senf-Sahne-Sauce können mit Reis, Nudeln oder Kartoffeln serviert werden.

Hähnchenbrust mit Tomaten und Mozzarella

Zubereitungszeit	Kochzeit	Portionen
15 min	25 min	4

ZUTATEN

- 1 EL Olivenöl
- 4 Hähnchenbrustfilets (ca. 150 g pro Stück)
- Salz und Pfeffer zum Abschmecken
- 2 Knoblauchzehen, fein gehackt
- 250 g Kirschtomaten, halbiert
- 200 g Mozzarella, in Scheiben geschnitten
- 1/4 Tasse frisches Basilikum, grob gehackt
- Balsamico-Glasur zum Beträufeln (optional)

ZUBEREITUNG

1. Heize den Backofen auf 200°C vor.
2. Würze die Hähnchenbrustfilets beidseitig mit Salz und Pfeffer.
3. Erhitze das Olivenöl in einer ofenfesten Pfanne bei mittlerer Hitze. Füge die Hähnchenbrustfilets hinzu und brate sie für 4-5 Minuten auf jeder Seite an, bis sie goldbraun sind. Nimm die Hähnchenbrustfilets aus der Pfanne und lege sie beiseite.
4. In der gleichen Pfanne, füge den Knoblauch hinzu und brate ihn für 1 Minute an. Gib die Kirschtomaten dazu und brate sie für weitere 2-3 Minuten, bis sie leicht aufplatzen.
5. Lege die Hähnchenbrustfilets zurück in die Pfanne und verteile die Mozzarellascheiben gleichmäßig darauf. Schiebe die Pfanne in den vorgeheizten Backofen.
6. Backe das Hähnchen für 15-20 Minuten, bis der Mozzarella geschmolzen und das Hähnchen durchgegart ist.
7. Nimm die Pfanne aus dem Backofen und garniere die Hähnchenbrustfilets mit frischem Basilikum. Beträufle sie mit Balsamico-Glasur, wenn gewünscht, und serviere sie sofort.

Asiatische Hähnchen-Nudelpfanne

Zubereitungszeit
15 min

Kochzeit
20 min

Portionen
4

ZUTATEN

- 300 g Hähnchenbrustfilets, in dünne Streifen geschnitten
- Salz und Pfeffer zum Abschmecken
- 2 EL Pflanzenöl
- 1 Zwiebel, fein gehackt
- 1 rote Paprika, in dünne Streifen geschnitten
- 2 Karotten, in dünne Streifen geschnitten
- 2 Knoblauchzehen, fein gehackt
- 1 EL frischer Ingwer, fein gehackt
- 200 g Brokkoli, in kleine Röschen geschnitten
- 150 g Eiernudeln
- 3 EL Sojasauce
- 1 EL Hoisinsauce
- 1 EL Oystersauce
- 2 EL Wasser
- 2 Frühlingszwiebeln, in Ringe geschnitten
- Sesamsamen zum Garnieren

ZUBEREITUNG

1. Würze die Hähnchenbruststreifen mit Salz und Pfeffer.
2. Koche die Eiernudeln nach Packungsanweisung, gieße sie ab und stelle sie beiseite.
3. Erhitze 1 EL Pflanzenöl in einer großen Pfanne oder einem Wok bei mittlerer Hitze. Füge das Hähnchen hinzu und brate es für 4-5 Minuten, bis es durchgegart ist. Nimm das Hähnchen aus der Pfanne und lege es beiseite.
4. Füge in derselben Pfanne das restliche Pflanzenöl hinzu und erhitze es. Brate Zwiebel, Paprika und Karotten für 3-4 Minuten an, bis sie leicht weich sind. Füge Knoblauch, Ingwer und Brokkoli hinzu und brate alles weitere 3-4 Minuten.
5. Gib das gebratene Hähnchen und die gekochten Nudeln zurück in die Pfanne und mische alles gut durch.
6. In einer kleinen Schüssel, mische Sojasauce, Hoisinsauce, Oystersauce und Wasser. Gieße die Sauce über die Hähnchen-Nudelpfanne und mische alles gut durch. Lass es für 2-3 Minuten köcheln, bis die Sauce leicht eingedickt ist.
7. Nimm die Pfanne vom Herd, füge Frühlingszwiebeln und Sesamöl hinzu (wenn verwendet) und mische alles gut durch. Serviere die Asiatische Hähnchen-Nudelpfanne sofort, eventuell mit zusätzlichen Frühlingszwiebeln und Sesamsamen zum Garnieren.

Mediterranes Ofengemüse mit Kräuterquark

Zubereitungszeit	Backzeit	Portionen
20 min	30 min	4

ZUTATEN

- 600 g gemischtes Gemüse (z.B. Zucchini, Paprika, Aubergine, Kirschtomaten), in mundgerechte Stücke geschnitten
- 1 rote Zwiebel, in Spalten geschnitten
- 2 Knoblauchzehen, fein gehackt
- 1 EL Zitronensaft
- 4 EL Olivenöl
- Salz und Pfeffer, nach Geschmack
- 1 TL getrocknete italienische Kräuter
- 300 g Quark
- 2 EL frische Kräuter, gehackt (z.B. Petersilie, Basilikum, Schnittlauch.

ZUBEREITUNG

1. Heize den Ofen auf 200 °C (Umluft 180 °C) vor.
2. In einer großen Schüssel das gemischte Gemüse, Zwiebelspalten und Knoblauch mit Olivenöl vermengen. Mit Salz, Pfeffer und getrockneten italienischen Kräutern würzen. Gut vermischen, bis das Gemüse gleichmäßig gewürzt ist.
3. Das gewürzte Gemüse auf einem mit Backpapier ausgelegten Backblech verteilen und im vorgeheizten Ofen 25-30 Minuten backen, oder bis das Gemüse weich und leicht gebräunt ist.
4. In der Zwischenzeit den Kräuterquark zubereiten: Quark, frische Kräuter und Zitronensaft in einer Schüssel verrühren. Mit Salz und Pfeffer abschmecken.
5. Das Ofengemüse aus dem Ofen nehmen und auf Tellern anrichten. Den Kräuterquark dazu servieren. Das mediterrane Ofengemüse mit Kräuterquark schmeckt sowohl warm als auch kalt.

Kürbis-Risotto mit Spinat und Feta

Zubereitungszeit
15 min

Kochzeit
35 min

Portionen
4

ZUTATEN

- 500 g Kürbis, geschält und in kleine Würfel geschnitten
- 1 EL Olivenöl
- 1 Zwiebel, fein gehackt
- 2 Knoblauchzehen, fein gehackt
- 250 g Risotto-Reis (z.B. Arborio)
- 150 ml Weißwein (optional)
- 1 l Gemüsebrühe, heiß
- 200 g frischer Spinat, gewaschen
- 150 g Feta, zerkrümelt
- Salz und Pfeffer, nach Geschmack

ZUBEREITUNG

1. Erhitze das Olivenöl in einem großen Topf bei mittlerer Hitze. Füge die Zwiebeln und den Knoblauch hinzu und dünste sie, bis sie weich und leicht goldbraun sind.
2. Füge den Risotto-Reis hinzu und rühre, bis der Reis gleichmäßig mit Öl bedeckt ist und glasig wird (ca. 2 Minuten).
3. Gieße den Weißwein ein (falls verwendet) und rühre, bis er fast vollständig vom Reis aufgenommen wurde. Wenn du keinen Wein verwenden möchtest, überspringe diesen Schritt.
4. Füge die Kürbiswürfel hinzu und beginne, die heiße Gemüsebrühe nach und nach hinzuzufügen. Gib immer nur so viel Brühe hinzu, dass der Reis bedeckt ist, und rühre regelmäßig, bis die Flüssigkeit aufgenommen ist. Wiederhole diesen Vorgang, bis die Gemüsebrühe aufgebraucht ist und der Reis gar ist (ca. 20-25 Minuten).
5. Füge den frischen Spinat hinzu und rühre, bis er zusammenfällt und sich mit dem Risotto vermischt.
6. Nimm den Topf vom Herd und rühre den zerkrümelten Feta unter. Schmecke das Risotto mit Salz und Pfeffer ab.
7. Serviere das Kürbis-Risotto sofort, garniert mit frischer Petersilie, falls gewünscht.

Linsen-Bolognese mit Vollkornspaghetti

Zubereitungszeit
15 min

Kochzeit
40 min

Portionen
3

ZUTATEN

- 300 g Vollkornspaghetti
- 2 EL Olivenöl
- 1 Zwiebel, fein gewürfelt
- 2 Knoblauchzehen, fein gehackt
- 2 Karotten, fein gewürfelt
- 2 Stangen Sellerie, fein gewürfelt
- 200 g braune Linsen, abgespült und abgetropft
- 800 ml passierte Tomaten
- 500 ml Gemüsebrühe
- 1 TL getrockneter Oregano
- 1 TL getrockneter Basilikum
- Salz und Pfeffer, nach Geschmack
- Frischer Basilikum, zum Garnieren (optional)

ZUBEREITUNG

1. In einem großen Topf Wasser zum Kochen bringen und die Vollkornspaghetti nach Packungsanleitung al dente kochen. Abgießen und beiseitestellen.
2. Während die Spaghetti kochen, das Olivenöl in einer großen Pfanne oder einem Topf bei mittlerer Hitze erhitzen. Zwiebel, Knoblauch, Karotten und Sellerie hinzufügen und 5-7 Minuten anbraten, bis das Gemüse weich ist.
3. Die Linsen in die Pfanne geben und kurz mit anbraten. Anschließend die passierten Tomaten, Gemüsebrühe, Oregano und Basilikum hinzufügen. Mit Salz und Pfeffer würzen.
4. Die Linsen-Bolognese zum Kochen bringen und dann die Hitze reduzieren. Etwa 30 Minuten köcheln lassen, bis die Linsen weich sind und die Sauce eingedickt ist. Bei Bedarf während des Köchelns etwas Wasser hinzufügen, um die gewünschte Konsistenz zu erreichen.
5. Die Vollkornspaghetti auf Tellern anrichten und die Linsen-Bolognese darübergeben. Nach Wunsch mit frischem Basilikum garnieren und servieren.

Zubereitungszeit
20 min

Kochzeit
45 min

Portionen
4

Vegetarische Lasagne mit Spinat und Ricotta

ZUTATEN

- 1 EL Olivenöl
- 1 Zwiebel, fein gewürfelt
- 2 Knoblauchzehen, fein gehackt
- 800 g passierte Tomaten
- 1 TL getrockneter Oregano
- Salz und Pfeffer, nach Geschmack
- 500 g frischer Spinat
- 500 g Ricotta
- 1 Ei
- 200 g geriebener Mozzarella
- 12 Lasagneplatten (ungekocht)

ZUBEREITUNG

1. Den Ofen auf 190 °C vorheizen. Eine ca. 33 x 23 cm große Auflaufform bereitstellen.
2. In einer großen Pfanne das Olivenöl bei mittlerer Hitze erhitzen. Zwiebel und Knoblauch hinzufügen und 3-4 Minuten anbraten, bis die Zwiebel weich ist.
3. Passierte Tomaten, Oregano, Salz und Pfeffer hinzufügen und gut verrühren. Die Tomatensauce zum Kochen bringen, dann die Hitze reduzieren und etwa 10 Minuten köcheln lassen.
4. Während die Tomatensauce köchelt, den Spinat in einer großen Schüssel mit dem Ricotta und dem Ei vermischen. Mit Salz und Pfeffer abschmecken.
5. Eine dünne Schicht Tomatensauce auf dem Boden der Auflaufform verteilen. Darauf 3 Lasagneplatten legen, gefolgt von einer Schicht der Spinat-Ricotta-Mischung und einer Schicht Tomatensauce. Mit etwas geriebenem Mozzarella bestreuen. Diesen Vorgang wiederholen, bis alle Zutaten verbraucht sind. Die letzte Schicht sollte aus Lasagneplatten, Tomatensauce und geriebenem Mozzarella bestehen.
6. Die Lasagne mit Alufolie abdecken und im vorgeheizten Ofen 30 Minuten backen. Anschließend die Alufolie entfernen und weitere 15 Minuten backen, bis der Käse goldbraun und die Lasagneplatten weich sind.
7. Die Lasagne aus dem Ofen nehmen und etwa 10 Minuten ruhen lassen, bevor sie in Stücke geschnitten und serviert wird.

ZUTATEN

- 300 g Basmati-Reis
- 2 Hähnchenbrustfilets (ca. 400 g)
- 2 EL Pflanzenöl
- 1 Zwiebel, fein gehackt
- 2 Knoblauchzehen, fein gehackt
- 1 Karotte, gewürfelt
- 100 g Erbsen
- 2 Eier, verquirlt
- 3 EL Sojasauce
- 2 EL Sesamöl
- 1 Frühlingszwiebel, in Ringe geschnitten
- Salz und Pfeffer zum Abschmecken

Hähnchen-Fried-Rice

Zubereitungszeit 15 min | Kochzeit 15 min | Portionen 4

ZUBEREITUNG

1. Koche den Reis gemäß den Anweisungen auf der Packung und lasse ihn abkühlen.
2. Schneide die Hähnchenbrustfilets in mundgerechte Stücke und würze sie mit Salz und Pfeffer.
3. Erhitze 1 EL Pflanzenöl in einer großen Pfanne oder einem Wok bei mittlerer Hitze. Füge das Hähnchen hinzu und brate es, bis es gar ist. Nimm das Hähnchen aus der Pfanne und lege es beiseite.
4. Füge 1 EL Pflanzenöl in die Pfanne und brate die Zwiebel und den Knoblauch, bis sie weich sind.
5. Füge die Karotten und Erbsen hinzu und brate sie für etwa 3-4 Minuten.
6. Schiebe das Gemüse zur Seite und gieße die verquirlten Eier in die Mitte der Pfanne. Rühre die Eier, bis sie gestockt sind, und mische sie dann mit dem Gemüse.
7. Füge den gekochten Reis und das gebratene Hähnchen in die Pfanne und vermische alles gut.
8. Gieße die Sojasauce und das Sesamöl über den Reis und mische alles gründlich.
9. Schmecke das Hähnchen-Fried-Rice mit Salz und Pfeffer ab und garniere es mit Frühlingszwiebeln, bevor du es servierst.

Zubereitungszeit
20 min

Kochzeit
30 min

Portionen
3

ZUTATEN

- 300 g kurze Nudeln (z. B. Penne oder Fusilli)
- 400 g Brokkoli, in Röschen geschnitten
- 50 g Butter
- 50 g Mehl
- 500 ml Milch
- 200 g geriebener Käse
- 1 TL Senf (optional)
- Salz und Pfeffer zum Abschmecken
- 50 g Semmelbrösel
- 2 EL Olivenöl

Vegetarischer Nudelauflauf mit Brokkoli und Käsesauce

ZUBEREITUNG

1. Koche die Nudeln in einem großen Topf mit Salzwasser nach Packungsanweisung, füge jedoch in den letzten 3-4 Minuten der Kochzeit den Brokkoli hinzu. Gieße das Wasser ab und stelle die Nudeln und den Brokkoli beiseite.
2. In der Zwischenzeit bereite die Käsesauce vor: Schmelze die Butter in einem mittelgroßen Topf bei mittlerer Hitze. Füge das Mehl hinzu und rühre es ein, bis eine glatte Paste entsteht. Koche die Mischung für 1-2 Minuten unter ständigem Rühren.
3. Gieße die Milch langsam in den Topf und rühre dabei ständig, um Klumpen zu vermeiden. Koche die Sauce, bis sie eindickt. Nimm den Topf vom Herd und rühre den geriebenen Käse (bis auf 50 g) und den Senf (falls gewünscht) unter. Schmecke die Sauce mit Salz und Pfeffer ab.
4. Heize den Ofen auf 200°C (180°C Umluft) vor.
5. Vermische die Nudeln, den Brokkoli und die Käsesauce in einer großen Schüssel und gib die Mischung in eine ofenfeste Auflaufform.
6. In einer kleinen Schüssel, mische die Semmelbrösel mit dem Olivenöl und streue sie zusammen mit dem restlichen Käse über den Nudelauflauf.
7. Backe den Nudelauflauf für etwa 20-25 Minuten, bis die Oberfläche goldbraun und knusprig ist. Lass den Auflauf vor dem Servieren kurz abkühlen.

Tomaten-Basilikum-Pasta

Zubereitungszeit
20 min

Kochzeit
15 min

Portionen
4

ZUTATEN

- 400 g Penne oder andere Nudeln
- Salz
- 2 Esslöffel Olivenöl
- 2 Knoblauchzehen, fein gehackt
- 400 g Kirschtomaten, halbiert
- 1 Handvoll frische Basilikumblätter, grob gehackt
- Frisch geriebener Parmesan (optional)

ZUBEREITUNG

1. In einem großen Topf reichlich Salzwasser zum Kochen bringen und die Nudeln nach Packungsanweisung al dente kochen.
2. Während die Nudeln kochen, das Olivenöl in einer großen Pfanne bei mittlerer Hitze erwärmen. Knoblauch hinzufügen und 1-2 Minuten anbraten, bis er leicht gebräunt und aromatisch ist.
3. Kirschtomaten zur Pfanne hinzufügen und 5-7 Minuten köcheln lassen, bis sie weich sind und leicht zerfallen.
4. Die gegarten Nudeln abgießen und dabei etwas Nudelwasser auffangen. Die Nudeln in die Pfanne mit den Tomaten geben und gut vermischen. Bei Bedarf etwas Nudelwasser hinzufügen, um die Sauce geschmeidiger zu machen.
5. Frisches Basilikum untermischen und die Pasta abschmecken. Mit Salz und Pfeffer würzen, nach Geschmack.
6. Die Tomaten-Basilikum-Pasta auf Tellern verteilen und optional mit frisch geriebenem Parmesan bestreuen. Sofort servieren.

Risotto mit Pilzen und Parmesan

Zubereitung
10 min

Kochzeit
30 min

Portionen
4

ZUTATEN

- 250 g Risottoreis
- 500 g gemischte Pilze, geschnitten
- 1 l Gemüsebrühe
- 1 kleine Zwiebel, fein gehackt
- 2 Knoblauchzehen, fein gehackt
- 100 ml Weißwein (optional)
- 50 g Parmesan, gerieben
- 2 EL Butter
- Salz und Pfeffer
- Petersilie, zum Garnieren

ZUBEREITUNG

1. Zwiebel und Knoblauch hacken und in einem Topf mit 1 EL Butter anschwitzen.
2. Risottoreis hinzufügen und mitdünsten, bis er durchsichtig wird.
3. Optional Weißwein hinzufügen und vollständig einkochen lassen, dabei ständig rühren.
4. Anschließend beginnen, nach und nach die Brühe zum Risotto hinzuzufügen. Während dieser Zeit ständig rühren, um ein Anbrennen des Risottos zu verhindern.
5. Während das Risotto kocht, in einer separaten Pfanne die restliche Butter erhitzen und die Pilze darin anbraten, bis sie gut gebräunt und weich sind.
6. Sobald der Risotto gar ist (er sollte noch einen leichten Biss haben), die gebratenen Pilze und geriebenen Parmesan untermischen und alles gut vermischen. Mit Salz und Pfeffer abschmecken.
7. Zum Schluss den fertigen Risotto auf Teller verteilen, mit frisch gehackter Petersilie garnieren und sofort servieren.

KAPITEL 4. SNACKS

Das Kochbuch für Teenager

Paprikastreifen und Cherrytomaten mit Avocado-Limetten-Dip

Zubereitungszeit
15 min

Kochzeit
Keine

Portionen
4

ZUTATEN

- 2 rote Paprikaschoten
- 250 g Cherrytomaten
- 2 reife Avocados
- 1 Limette (Saft und Abrieb)
- 1 Knoblauchzehe
- 1/4 TL Chiliflocken (optional)
- Salz und Pfeffer nach Geschmack
- 2 EL Joghurt oder Sauerrahm (optional)

ZUBEREITUNG

1. Paprikaschoten waschen, halbieren, entkernen und in Streifen schneiden. Cherrytomaten waschen und halbieren oder ganz lassen, je nach Größe und Vorliebe.
2. Die Avocados halbieren, entkernen und das Fruchtfleisch mit einem Löffel aus der Schale lösen.
3. Knoblauchzehe schälen und fein hacken.
4. In einer Schüssel das Avocadofruchtfleisch, Limettensaft, Limettenabrieb, Knoblauch, Chiliflocken (falls verwendet), Salz und Pfeffer vermischen und mit einer Gabel zerdrücken, bis eine cremige Konsistenz entsteht. Falls gewünscht, Joghurt oder Sauerrahm hinzufügen, um die Konsistenz noch cremiger zu gestalten.
5. Den Avocado-Limetten-Dip in eine Schüssel geben und zusammen mit den Paprikastreifen und Cherrytomaten servieren.

Selleriesticks und Radieschen mit Kräuterquark

Zubereitungszeit	Kochzeit	Portionen
15 min	Keine	4

ZUTATEN

- 4 Stangen Sellerie
- 200 g Radieschen
- 250 g Quark oder Skyr
- 2 EL frische Kräuter (z.B. Petersilie, Schnittlauch, Dill), fein gehackt
- 1/2 TL Salz
- 1/4 TL Pfeffer

ZUBEREITUNG

1. Selleriestangen waschen, putzen und in 10 cm lange Sticks schneiden. Radieschen waschen, die Enden entfernen und je nach Größe halbieren oder vierteln.
2. In einer Schüssel Quark oder Skyr mit den fein gehackten Kräutern, Salz, Pfeffer und Paprikapulver (falls verwendet) vermischen.
3. Den Kräuterquark in eine Schüssel geben und zusammen mit den Selleriesticks und Radieschen servieren.

Zucchinisticks und Brokkoli mit Joghurt-Knoblauch-Dip

ZUTATEN

- 2 Zucchini
- 1 kleiner Brokkoli
- 250 g Joghurt (Natur)
- 1 Knoblauchzehe, fein gehackt oder gepresst
- 1 EL Olivenöl
- 1/2 TL Salz
- 1/4 TL Pfeffer
- 1 EL Zitronensaft
- 1 EL frische Kräuter (z.B. Petersilie oder Dill), fein gehackt (optional)

Zubereitungszeit 15 min | Kochzeit Keine | Portionen 4

ZUBEREITUNG

1. Zucchini waschen, Enden entfernen und in etwa 10 cm lange Sticks schneiden. Brokkoli waschen, in kleine Röschen teilen und ggf. die Stiele kürzen.
2. In einer Schüssel Joghurt, Knoblauch, Olivenöl, Salz, Pfeffer und Zitronensaft vermischen. Falls gewünscht, frische Kräuter hinzufügen.
3. Den Joghurt-Knoblauch-Dip in eine Schüssel geben und zusammen mit den Zucchinisticks und Brokkoli-Röschen servieren.

Karottensticks und Gurkensticks mit Hummus

Zubereitungszeit	Kochzeit	Portionen
15 min	Keine	4

ZUTATEN

- 4 mittelgroße Karotten
- 2 mittelgroße Gurken
- 240 g Kichererbsen (Abtropfgewicht)
- 2 EL Tahini (Sesampaste)
- 1 Knoblauchzehe
- Saft einer halben Zitrone
- 3 EL Olivenöl
- Salz und Pfeffer nach Geschmack

ZUBEREITUNG

1. Karotten und Gurken waschen, schälen und in ca. 1 cm dicke Sticks schneiden.
2. Kichererbsen abspülen und abtropfen lassen.
3. Knoblauchzehe schälen und fein hacken.
4. In einer Küchenmaschine oder einem Mixer die Kichererbsen, Tahini, Knoblauch, Zitronensaft, Olivenöl, Salz, Pfeffer und Kreuzkümmel (falls verwendet) zu einer glatten Paste verarbeiten. Bei Bedarf etwas Wasser hinzufügen, um die gewünschte Konsistenz zu erreichen.
5. Den Hummus in eine Schüssel füllen und nach Belieben mit Paprikapulver und frischer Petersilie garnieren.
6. Die Karotten- und Gurkensticks zusammen mit dem Hummus servieren.

Bunter Obstsalat

Zubereitungszeit
20 min

Kochzeit
Keine

Portionen
4

ZUTATEN

- 200 g Erdbeeren
- 200 g Weintrauben
- 2 Äpfel
- 2 Kiwis
- 1 Banane
- 1 Orange
- 1 EL Zitronensaft
- 2 EL Honig
- Optional: 50 g gehackte Nüsse

ZUBEREITUNG

1. Beginne mit den Erdbeeren, indem sie gewaschen, entstielt und halbiert werden. Auch die Weintrauben bedürfen einer gründlichen Wäsche und müssen anschließend abtropfen.
2. Äpfel sind dann an der Reihe. Nach dem Schälen und Entkernen sollten sie in mundgerechte Stücke geschnitten werden. Nachdem die Kiwis geschält wurden, werden sie in Scheiben geschnitten. Die Banane in Scheiben schneiden.
3. Für die Orange, trenne die Segmente nach dem Schälen und entferne dabei die weiße Haut und die Kerne.
4. Als Nächstes, in einer großen Schüssel, alle geschnittenen Früchte mischen, Zitronensaft und Honig hinzufügen und sanft umrühren. Der vorbereitete Obstsalat wird abgedeckt und sollte für etwa 15 Minuten im Kühlschrank ziehen lassen.
5. Bei Wunsch, gehackte Nüsse über den Obstsalat streuen, kurz vor dem Servieren.

Exotischer Obstsalat mit Kokosjoghurt

Kochzeit
Keine

Zubereitungszeit
20 min

Portionen
4

ZUTATEN

- 200 g Ananas
- 200 g Mango
- 200 g Papaya
- 1 Kiwi
- 1 Banane
- 200 g Kokosjoghurt (alternativ Naturjoghurt mit Kokosraspeln)
- 1 EL Honig
- 1 EL Limettensaft
- Minzblätter zum Garnieren (optional)

ZUBEREITUNG

1. Die Ananas schälen, den Strunk entfernen und das Fruchtfleisch in mundgerechte Stücke schneiden. Mango und Papaya schälen, den Kern entfernen und das Fruchtfleisch ebenfalls in mundgerechte Stücke schneiden.
2. Die Kiwi schälen und in Scheiben schneiden. Die Banane schälen und in Scheiben schneiden.
3. In einer großen Schüssel alle geschnittenen Früchte vermischen.
4. In einer kleinen Schüssel den Kokosjoghurt, Honig und Limettensaft verrühren.
5. Das Kokosjoghurt-Dressing über den Obstsalat geben und vorsichtig unterheben.
6. Den exotischen Obstsalat abdecken und im Kühlschrank etwa 15 Minuten durchziehen lassen.
7. Vor dem Servieren optional mit Minzblättern garnieren.

Obstspieße mit Limetten-Joghurt-Dip

Zubereitungszeit
20 min

Kochzeit
Keine

Portionen
4

ZUTATEN

- 1 Banane
- 12 Erdbeeren
- 1 Kiwi
- 12 Trauben
- 8 Holzspieße

Für den Limetten-Joghurt-Dip:

- 250 g Naturjoghurt
- 2 EL Honig
- 1 Limette, Saft und abgeriebene Schale
- 1 Prise Salz

ZUBEREITUNG

1. Die Banane schälen und in etwa 1 cm dicke Scheiben schneiden. Die Erdbeeren waschen und den Strunk entfernen. Die Kiwi schälen und in Würfel schneiden. Die Trauben waschen und abtropfen lassen.
2. Die vorbereiteten Früchte abwechselnd auf die Holzspieße stecken und auf einer Platte oder einem Teller anrichten.
3. In einer kleinen Schüssel den Naturjoghurt, Honig, Limettensaft und abgeriebene Limettenschale vermengen. Mit einer Prise Salz abschmecken.
4. Den Limetten-Joghurt-Dip in eine separate Schale füllen und zusammen mit den Obstspießen servieren. Die Spieße können nach Belieben in den Dip getaucht und genossen werden.

Fruchtige Obstspieße mit Schokoladenüberzug

Zubereitungszeit
20 min

Kochzeit
5 min

Portionen
4

ZUTATEN

- 1 Banane
- 12 Erdbeeren
- 1 Kiwi
- 12 Trauben
- 200 g Vollmilch- oder Zartbitterschokolade
- 8 Holzspieße

ZUBEREITUNG

1. Die Banane schälen und in etwa 1 cm dicke Scheiben schneiden. Die Erdbeeren waschen und den Strunk entfernen. Die Kiwi schälen und in Würfel schneiden. Die Trauben waschen und abtropfen lassen.
2. Die vorbereiteten Früchte abwechselnd auf die Holzspieße stecken. Die fertigen Obstspieße auf ein mit Backpapier ausgelegtes Tablett legen und kurz in den Kühlschrank stellen.
3. In der Zwischenzeit die Schokolade in Stücke brechen und in einer hitzebeständigen Schüssel über einem Wasserbad langsam schmelzen. Dabei darauf achten, dass die Schüssel den Boden des Topfes mit dem Wasser nicht berührt.
4. Wenn die Schokolade vollständig geschmolzen ist, die Obstspieße aus dem Kühlschrank nehmen und jeden Spieß teilweise in die geschmolzene Schokolade tauchen. Die Spieße zurück auf das Tablett mit Backpapier legen und die Schokolade etwas abkühlen lassen.
5. Die Obstspieße für etwa 10 Minuten in den Kühlschrank stellen, damit die Schokolade fest wird. Danach sind die fruchtigen Obstspieße mit Schokoladenüberzug servierbereit.

Zucchini-Chips

ZUTATEN

- 2 mittelgroße Zucchini
- 1 Esslöffel Olivenöl
- Salz und Pfeffer nach Geschmack
- Optional: 1/2 Teelöffel Paprikapulver oder andere Gewürze nach Belieben

Kochzeit
1 h 30 min

Zubereitungszeit
15 min

Portionen
4

ZUBEREITUNG

1. Heizen Sie den Ofen auf 100°C vor. Legen Sie ein Backblech mit Backpapier aus.
2. Waschen Sie die Zucchini und schneiden Sie sie in dünne Scheiben (ca. 2-3 mm dick).
3. In einer Schüssel die Zucchinischeiben mit Olivenöl vermengen und anschließend mit Salz, Pfeffer und optionalen Gewürzen bestreuen. Gut vermischen, sodass alle Scheiben gleichmäßig gewürzt sind.
4. Verteilen Sie die gewürzten Zucchinischeiben auf dem vorbereiteten Backblech in einer einzigen Schicht, ohne dass sie sich überlappen.
5. Backen Sie die Zucchini-Chips für 1 Stunde 30 Minuten oder bis sie knusprig und leicht gebräunt sind. Wenden Sie die Chips nach ca. 45 Minuten, um eine gleichmäßige Bräunung zu gewährleisten.
6. Lassen Sie die Zucchini-Chips einige Minuten abkühlen und servieren Sie sie als gesunden und knusprigen Snack.

Zubereitungszeit
10 min

Kochzeit
35-40 min

Portionen
4

Geröstete Kichererbsen

ZUTATEN

- 400 g Kichererbsen (1 Dose, abgetropft und abgespült)
- 1 EL Olivenöl
- 1/2 TL Paprikapulver
- 1/4 TL Cayennepfeffer
- 1/4 TL Kreuzkümmel
- 1/4 TL Knoblauchpulver
- Salz und Pfeffer nach Geschmack

ZUBEREITUNG

1. Heizen Sie den Ofen auf 200°C vor.
2. Die abgetropften Kichererbsen werden mit Küchenpapier getrocknet - je trockener, desto knuspriger werden sie später.
3. Anschließend kommen die Kichererbsen in eine Schüssel, vermischen sich mit Olivenöl und den Gewürzen - Paprikapulver, Cayennepfeffer, Kreuzkümmel, Knoblauchpulver. Alles gut vermischen, um sicherzustellen, dass die Kichererbsen gleichmäßig mit den Gewürzen bedeckt sind.
4. Das Backblech mit Backpapier auslegen und die gewürzten Kichererbsen darauf in einer einzigen Schicht verteilen.
5. Die Kichererbsen für 35-40 Minuten backen, bis sie knusprig sind. Alle 10-15 Minuten umrühren, um eine gleichmäßige Bräunung zu gewährleisten.
6. Die gerösteten Kichererbsen sollten ein wenig abkühlen, bevor sie bei Bedarf mit Salz und Pfeffer nachgewürzt werden. Dann sind sie bereit, als leckerer, knuspriger Snack genossen zu werden!

ZUTATEN

- 4 große Kartoffeln
- 3 Esslöffel Olivenöl
- Salz und Pfeffer nach Geschmack
- 1/2 Teelöffel Knoblauchpulver
- 1/2 Teelöffel Paprikapulver
- 1/2 Tasse geriebener Parmesan
- 2 Esslöffel fein gehackte Petersilie

Knusprige Parmesan-Kartoffelspalten

Portionen
4

Kochzeit
35 min

Zubereitungszeit
15 min

ZUBEREITUNG

1. Den Ofen zuerst auf 200°C vorheizen und ein Backblech mit Backpapier auslegen.
2. Die Kartoffeln waschen und in Spalten schneiden, dabei auf eine gleichmäßige Größe achten.
3. Die geschnittenen Kartoffelspalten in einer großen Schüssel mit Olivenöl vermengen und dann mit Salz, Pfeffer, Knoblauchpulver und Paprikapulver bestreuen. Alles gut durchmischen, damit alle Spalten gleichmäßig gewürzt sind..
4. Die gewürzten Kartoffelspalten auf dem vorbereiteten Backblech verteilen, in einer einzigen Schicht und ohne Überlappung.
5. Die Kartoffelspalten dann für 25 Minuten backen. Anschließend das Blech aus dem Ofen nehmen und die Spalten mit geriebenem Parmesan bestreuen.
6. Das Blech dann wieder in den Ofen schieben und die Kartoffelspalten weitere 10 Minuten backen, oder bis sie knusprig und der Parmesan goldbraun ist.
7. Die fertigen knusprigen Parmesan-Kartoffelspalten aus dem Ofen nehmen und mit fein gehackter Petersilie bestreuen. Heiß als leckeren und knusprigen Snack oder Beilage servieren.

Ofen-gebackene Gemüsechips

Zubereitungszeit 15 min | Kochzeit 25-30 min | Portionen 4

ZUTATEN

- 1 mittelgroße Rote Bete
- 1 große Pastinake
- 2 große Karotten
- 2 Esslöffel Olivenöl
- Salz und Pfeffer nach Geschmack
- Optional: Gewürze wie Rosmarin oder Thymian (nach Geschmack)

ZUBEREITUNG

1. Zuerst den Ofen auf 180°C vorheizen und zwei Backbleche mit Backpapier auslegen.
2. Rote Bete, Pastinake und Karotten waschen, schälen und mit einem Gemüsehobel oder einem scharfen Messer in dünne Scheiben schneiden. Dabei auf eine gleichmäßige Dicke achten, um ein gleichmäßiges Garen zu gewährleisten.
3. Das geschnittene Gemüse in eine große Schüssel geben und mit Olivenöl vermischen. Die Gemüsescheiben mit Salz, Pfeffer und optionalen Gewürzen nach Geschmack würzen.
4. Die gewürzten Gemüsescheiben dann gleichmäßig auf den vorbereiteten Backblechen verteilen, in einer einzigen Schicht und ohne Überlappung.
5. Die Gemüsechips für etwa 25-30 Minuten im vorgeheizten Ofen backen oder bis sie knusprig und leicht gebräunt sind. Während des Backens gelegentlich die Backbleche drehen und die Chips überprüfen, um ein gleichmäßiges Garen zu gewährleisten.
6. Die Chips aus dem Ofen nehmen und auf einem Gitter oder Papiertüchern abkühlen lassen, um ihre Knusprigkeit zu erhalten.
7. Die gebackenen Gemüsechips als gesunden und farbenfrohen Snack oder Beilage servieren. Übrig gebliebene Chips in einem luftdichten Behälter aufbewahren.

Dattel-Nuss-Energiekugeln

Zubereitungszeit
15 min

Kochzeit
Keine

Portionen
12 Energiekugeln

ZUTATEN

- 200 g entsteinte Datteln
- 100 g gemischte Nüsse
- 50 g Haferflocken
- 1 EL Kokosöl
- 1 TL Vanilleextrakt
- Prise Salz
- Kakaopulver und Kokosraspeln optional

ZUBEREITUNG

1. Die Datteln in warmem Wasser für etwa 10 Minuten einweichen, um sie weich zu machen. Anschließend abtropfen lassen.
2. Die Nüsse in einer Küchenmaschine oder einem Mixer grob zerkleinern.
3. Die eingeweichten Datteln, Haferflocken, Kokosöl, Vanilleextrakt, Salz und optional Kakaopulver oder Protein-Pulver zu den Nüssen hinzufügen. Alles zu einer klebrigen Masse verarbeiten.
4. Die Masse aus dem Mixer nehmen und mit den Händen kleine Kugeln formen (etwa 12 Stück). Optional die Energiekugeln in Kokosraspeln oder Kakaopulver wälzen.
5. Die Energiekugeln für mindestens 30 Minuten im Kühlschrank fest werden lassen. In einem luftdichten Behälter im Kühlschrank aufbewahren und innerhalb einer Woche verzehren.

Haferflocken-Apfelkekse

Zubereitungszeit
15 min

Kochzeit
15-20 min

Portionen
12 Kekse

ZUBEREITUNG

1. Den Backofen auf 180 °C vorheizen und ein Backblech mit Backpapier auslegen.
2. Den Apfel waschen, entkernen und fein reiben (Schale kann dran bleiben).
3. In einer großen Schüssel Haferflocken, Vollkornmehl, Rosinen oder Datteln, Zimt, Backpulver und Salz vermischen.
4. Geschmolzenes Kokosöl, Ahornsirup oder Honig und Vanilleextrakt hinzufügen. Alles gut vermischen.
5. Den geriebenen Apfel unter die Haferflockenmischung heben, bis alles gut vermischt ist.
6. Mit einem Esslöffel oder den Händen etwa 12 Kugeln formen und auf das vorbereitete Backblech legen. Die Kugeln leicht flach drücken, um Keksformen zu erhalten.
7. Die Kekse für 15-20 Minuten im vorgeheizten Backofen backen, bis sie goldbraun sind.
8. Die Kekse auf dem Backblech etwas abkühlen lassen, bevor sie auf ein Kuchengitter gelegt werden, um vollständig abzukühlen. In einem luftdichten Behälter aufbewahren und innerhalb einer Woche verzehren.

ZUTATEN

- 150 g Haferflocken
- 1 mittelgroßer Apfel
- 75 g Vollkornmehl
- 50 g Rosinen oder gehackte Datteln
- 60 ml Ahornsirup oder Honig
- 60 ml Kokosöl, geschmolzen
- 1 TL Zimt
- 1 TL Vanilleextrakt
- 1/2 TL Backpulver
- Prise Salz

Zubereitungszeit
15 min

Kochzeit
Keine

Portionen
12-15
Energiekugeln

ZUTATEN

- 100 g Mandeln
- 75 g getrocknete Kokosraspeln (ungesüßt), plus extra zum Wälzen
- 100 g Datteln, entsteint
- 2 EL Kokosöl, geschmolzen
- 1 TL Vanilleextrakt
- Prise Salz

Kokos-Mandel-Energiekugeln

ZUBEREITUNG

1. Die Mandeln in einer Küchenmaschine oder einem Hochleistungsmixer fein mahlen.
2. Die Datteln hinzufügen und weiter verarbeiten, bis sie gut zerkleinert sind und sich mit den Mandeln vermischt haben.
3. Die Kokosraspeln, geschmolzenes Kokosöl, Vanilleextrakt und Salz hinzufügen. Alles weiter verarbeiten, bis eine klebrige Masse entsteht.
4. Die Masse aus der Küchenmaschine nehmen und mit den Händen oder einem Esslöffel 12-15 Kugeln formen.
5. Die Energiekugeln in den zusätzlichen Kokosraspeln wälzen, um sie vollständig zu bedecken.
6. Die fertigen Energiekugeln in einem luftdichten Behälter im Kühlschrank aufbewahren und innerhalb von zwei Wochen verzehren.

Erdnussbutter-Quinoa-Energiekugeln

Zubereitungszeit
20 min

Kochzeit
Keine

Portionen
12-15
Energiekugeln

ZUTATEN

- 120 g gekochter Quinoa (etwa 60 g ungekocht)
- 150 g Erdnussbutter (ungesüßt)
- 50 g Haferflocken
- 40 g gehackte Nüsse (z. B. Mandeln, Walnüsse oder Cashews)
- 40 g Rosinen oder getrocknete Cranberries
- 30 ml Honig oder Ahornsirup
- 1 TL Vanilleextrakt
- Prise Salz

ZUBEREITUNG

1. In einer großen Schüssel den gekochten Quinoa, die Erdnussbutter, die Haferflocken, die gehackten Nüsse, die Rosinen oder getrockneten Cranberries, den Honig oder Ahornsirup, den Vanilleextrakt und die Prise Salz vermischen.
2. Die Mischung gründlich vermengen, bis alle Zutaten gut miteinander verbunden sind.
3. Mit den Händen oder einem Esslöffel/Eisportionierer etwa 12-15 Energiekugeln formen. Wenn die Masse zu klebrig ist, die Hände leicht anfeuchten, um das Formen zu erleichtern.
4. Die fertigen Energiekugeln auf einem Teller oder einem mit Backpapier ausgelegten Tablett platzieren und für etwa 30 Minuten in den Kühlschrank stellen, damit sie fester werden.
5. Die Energiekugeln können in einem luftdichten Behälter im Kühlschrank für bis zu zwei Wochen aufbewahrt werden.

Pfirsich-
Desse

ZUTATEN

- 2 reife Pfirsiche
- 250 g Magerquark
- 2 EL Honig
- 1/2 TL Vanilleextrakt
- 2 EL gehackte Mandeln
- Minzblätter zum Garnieren

Zubereitungszeit	Kochzeit	Portionen
15 min	Keine	2

ZUBEREITUNG

1. Die Pfirsiche waschen, halbieren, entsteinen und in dünne Spalten schneiden.
2. In einer Schüssel den Magerquark mit Honig und Vanilleextrakt verrühren.
3. Die Hälfte der Pfirsichspalten auf zwei Gläser oder Dessertschalen verteilen.
4. Eine Schicht Quarkmischung auf die Pfirsichspalten geben.
5. Die Schichten wiederholen, bis alle Zutaten aufgebraucht sind.
6. Mit gehackten Mandeln bestreuen und Minzblättern garnieren. Das Pfirsich-Quark-Dessert kühl stellen, bis es serviert wird.

Joghurt-Honig-Müsli-Bowl

Zubereitungszeit
10 min

Kochzeit
Keine

Portionen
2

ZUTATEN

- 250 g Naturjoghurt
- 2 EL Honig
- 1/2 TL Zimt
- 100 g Müsli
- 100 g frische Beeren (z.B. Erdbeeren, Blaubeeren, Himbeeren)
- 1 Banane
- 1 EL gehackte Nüsse (z.B. Mandeln, Walnüsse)

ZUBEREITUNG

1. In einer Schüssel den Naturjoghurt mit Honig und Zimt vermischen.
2. Das Müsli in zwei Schalen oder Müslischüsseln verteilen.
3. Die Joghurtmischung auf das Müsli geben.
4. Die Beeren waschen und abtropfen lassen, die Banane in Scheiben schneiden.
5. Die Beeren und Bananenscheiben auf der Joghurtmischung verteilen.
6. Mit gehackten Nüssen bestreuen und sofort servieren.

Quark-Mohn-Kuchen im Glas

Zubereitungszeit	Kochzeit	Portionen
15 min	Keine	4

ZUTATEN

- 200 g Magerquark
- 200 g Joghurt
- 2 EL Honig
- 1 TL Vanilleextrakt
- 150 g Löffelbiskuits
- 4 EL Orangensaft
- 200 g frische Beeren
- 100 g Mohnback

ZUBEREITUNG

1. In einer Schüssel den Magerquark, Joghurt, Honig und Vanilleextrakt vermischen.
2. Die Löffelbiskuits grob zerbröseln und in eine flache Schüssel geben. Den Orangensaft darüber träufeln, um die Biskuits leicht anzufeuchten.
3. Vier Gläser zur Hand nehmen und eine Schicht der angefeuchteten Löffelbiskuits auf den Boden geben.
4. Eine Schicht der Quark-Joghurt-Mischung darauf verteilen.
5. Einen Esslöffel Mohnback auf die Quark-Joghurt-Schicht geben.
6. Die Schritte 3 bis 5 wiederholen, bis die Gläser gefüllt sind.
7. Die Beeren waschen und abtropfen lassen. Als letzte Schicht Beeren auf die Gläser verteilen.
8. Die Gläser für mindestens 1 Stunde in den Kühlschrank stellen, damit die Schichten fest werden. Vor dem Servieren aus dem Kühlschrank nehmen und genießen.

Beeren-Joghurt-Parfait

Zubereitungszeit
15 min

Kochzeit
Keine

Portionen
2

ZUTATEN

- 200 g Beerenmischung
- 250 g Naturjoghurt
- 2 EL Honig
- 100 g Müsli oder Granola
- Minzblätter zum Garnieren

ZUBEREITUNG

1. Die Beeren waschen und abtropfen lassen. Größere Beeren wie Erdbeeren und Brombeeren halbieren oder vierteln.
2. In einer Schüssel den Naturjoghurt mit dem Honig verrühren.
3. Die Hälfte des Müslis oder Granolas auf zwei Gläser verteilen.
4. Eine Schicht Joghurt-Honig-Mischung auf das Müsli geben, gefolgt von einer Schicht Beeren.
5. Die Schichten wiederholen, bis alle Zutaten aufgebraucht sind.
6. Mit Minzblättern garnieren und sofort servieren.

Kapitel 5. Desserts

Erdbeer-Kompott mit Vanilleeis

ANGABEN

Zubereitungszeit	Kochzeit	Portionen
10 min	15 min	4

ZUTATEN

- 500 g Erdbeeren
- 100 g Zucker
- 1 Zitrone (Saft und Abrieb)
- 1 Vanilleschote
- 1 EL Speisestärke
- 4 Kugeln Vanilleeis

ZUBEREITUNG

1. Erdbeeren waschen, putzen und halbieren (oder vierteln, wenn sie groß sind).
2. Zucker, Zitronensaft und Zitronenabrieb in einem Topf erhitzen. Vanilleschote längs aufschneiden, Mark herauskratzen und zusammen mit der Schote zur Zuckermischung geben.
3. Die Erdbeeren hinzufügen und 10 Minuten bei niedriger Hitze köcheln lassen.
4. Speisestärke mit etwas kaltem Wasser anrühren und in das Kompott einrühren. Weitere 5 Minuten köcheln lassen, bis das Kompott eingedickt ist.
5. Das Erdbeer-Kompott vom Herd nehmen und die Vanilleschote entfernen. Das Kompott etwas abkühlen lassen.
6. Zum Servieren jeweils eine Kugel Vanilleeis in vier Dessertschalen geben und das lauwarme Erdbeer-Kompott darüber verteilen. Sofort servieren.

Gegrillte Ananas mit Honig-Zimt-Glasur

Zubereitungszeit
10 min

Kochzeit
10 min

Portionen
4

ZUTATEN

- 1 große Ananas
- 4 EL Honig
- 1 TL Zimt
- 1 EL Limettensaft
- Optional: Vanilleeis oder Joghurt zum Servieren

ZUBEREITUNG

1. Die Ananas schälen, den Strunk entfernen und in 2 cm dicke Scheiben schneiden.
2. In einer kleinen Schüssel Honig, Zimt und Limettensaft verrühren, um die Glasur herzustellen.
3. Den Grill oder eine Grillpfanne auf mittlerer Hitze vorheizen.
4. Die Ananasscheiben mit der Honig-Zimt-Glasur bestreichen und auf den Grill oder die Grillpfanne legen. Etwa 4-5 Minuten grillen, bis sie leicht gebräunt und karamellisiert sind. Dann wenden und die andere Seite ebenfalls 4-5 Minuten grillen.
5. Die gegrillte Ananas vom Grill nehmen und auf Tellern anrichten. Optional mit Vanilleeis oder Joghurt servieren.

Pochierte Birnen in Gewürzsirup

ZUTATEN

- 4 Birnen
- 4 Tassen Wasser
- 1 Tasse Zucker
- 1 Zimtstange
- 4 Nelken
- 1 Sternanis
- 1 TL Vanilleextrakt
- 1 Zitronenschale
- Vanilleeis, Schlagsahne oder Mascarpone (optional)

Zubereitungszeit
10 min

Kochzeit
40 min

Portionen
4

ZUBEREITUNG

1. Birnen schälen, Stiel dranlassen, Boden begradigen.
2. Wasser, Zucker, Gewürze, Vanilleextrakt und Zitronenschale in Topf erhitzen, bis Zucker gelöst ist.
3. Birnen in Sirup legen, mit Flüssigkeit bedecken, Hitze reduzieren.
4. Birnen 20-25 Min. pochieren, dabei mehrmals wenden.
5. Birnen aus Topf nehmen, auf Servierplatte oder Schalen anrichten.
6. Sirup einkochen (5-10 Min.), durch Sieb gießen.
7. Sirup über Birnen gießen. Warm oder kalt servieren.

Tipp: Pochierte Birnen passen hervorragend zu Vanilleeis, Schlagsahne oder Mascarpone als Beilage.

Zubereitungszeit
15 min

Kochzeit
5 min

Portionen
4

Pfirsich-Melba mit Himbeersauce

ZUTATEN

- 4 reife Pfirsiche, halbiert und entkernt
- 250 g Himbeeren, frisch oder tiefgekühlt
- 60 g Zucker
- 1 EL Zitronensaft
- 4 Kugeln Vanilleeis

ZUBEREITUNG

1. Pfirsiche blanchieren: Einen Topf mit Wasser zum Kochen bringen. Die Pfirsiche für 30-60 Sekunden ins kochende Wasser geben. Anschließend sofort mit einer Schaumkelle herausnehmen und in eine Schüssel mit Eiswasser geben. Nach 1 Minute die Pfirsiche aus dem Eiswasser nehmen und die Haut abziehen.
2. Himbeersauce zubereiten: Die Himbeeren, den Zucker und den Zitronensaft in einen kleinen Topf geben und bei mittlerer Hitze erwärmen, bis die Himbeeren weich sind und der Zucker aufgelöst ist. Die Sauce etwa 5 Minuten köcheln lassen, bis sie leicht eingedickt ist. Die Sauce durch ein feines Sieb streichen, um die Kerne zu entfernen.
3. Pfirsich-Melba anrichten: Die Pfirsichhälften mit der Schnittseite nach oben auf vier Dessertteller legen. Je eine Kugel Vanilleeis auf oder neben den Pfirsichen platzieren. Die warme Himbeersauce über das Eis und die Pfirsiche träufeln.
4. Das Pfirsich-Melba sofort servieren und genießen.

ZUTATEN

- 4 EL Allzweckmehl
- 2 EL Zucker
- 2 EL Kakaopulver
- 1/8 TL Backpulver
- 3 EL Milch
- 2 EL Pflanzenöl
- 1/4 TL Vanilleextrakt

Mikrowellen-Schokoladenkuchen

Portionen	Kochzeit	Zubereitungszeit
1	1-2 min	5 min

ZUBEREITUNG

1. In einer kleinen Schüssel oder einer großen Tasse Mehl, Zucker, Kakaopulver und Backpulver vermischen.
2. Milch, Pflanzenöl und Vanilleextrakt hinzufügen und gründlich verrühren, bis ein glatter Teig entsteht.
3. Die Tasse oder Schüssel in die Mikrowelle stellen und bei voller Leistung für 1-2 Minuten erhitzen, bis der Kuchen aufgegangen und durchgegart ist. Die genaue Zeit hängt von der Leistung Ihrer Mikrowelle ab.
4. Den Kuchen vorsichtig aus der Mikrowelle nehmen, etwas abkühlen lassen und direkt aus der Tasse oder Schüssel genießen. Optional mit Puderzucker bestäuben oder mit einer Kugel Eis servieren.

Zubereitungszeit
15 min

Kühlzeit
2 Stunden

Portionen
4

Schokoladen-Mousse

ZUTATEN

- 200 g Zartbitterschokolade
- 3 Eier, getrennt
- 50 g Zucker
- 200 ml Schlagsahne
- 1 Prise Salz

ZUBEREITUNG

1. Die Schokolade in kleine Stücke brechen und in einer Schüssel über einem Wasserbad schmelzen. Danach vom Herd nehmen und etwas abkühlen lassen.
2. Die Eigelbe und den Zucker in einer Schüssel schaumig schlagen.
3. Die geschmolzene Schokolade langsam zur Eigelbmischung geben und gut verrühren.
4. In einer separaten Schüssel die Sahne steif schlagen und unter die Schokoladenmischung heben.
5. In einer weiteren Schüssel die Eiweiße mit einer Prise Salz steif schlagen und vorsichtig unter die Schokoladen-Sahne-Mischung heben.
6. Die Mousse in vier Dessertgläser füllen und für mindestens 2 Stunden im Kühlschrank kaltstellen. Vor dem Servieren nach Belieben mit Schokoladenraspeln oder Beeren garnieren.

Schoko-Bananen-Smoothie

Zubereitungszeit
5 min

Kochzeit
Keine

Portionen
2

ZUTATEN

- 2 reife Bananen
- 350 ml kalte Milch
- 2 EL Kakaopulver
- 1 EL Honig oder Ahornsirup
- 1/2 TL Vanilleextrakt
- 4-5 Eiswürfel (optional)

ZUBEREITUNG

1. Die Bananen schälen und in Stücke schneiden.
2. In einem Standmixer oder mit einem Stabmixer die Bananenstücke, Milch, Kakaopulver, Honig oder Ahornsirup, Vanilleextrakt und Eiswürfel (falls verwendet) mixen, bis eine glatte und cremige Konsistenz erreicht ist.
3. Den Schoko-Bananen-Smoothie in Gläser gießen und sofort servieren. Optional mit einer Bananenscheibe oder Schokoladenraspeln garnieren.

Nutella-Milchreis

Zubereitungszeit
5 min

Kochzeit
25-30 min

Portionen
4

ZUTATEN

- 200 g Milchreis
- 800 ml Milch
- 1 Prise Salz
- 3 EL Nutella
- 2 EL Zucker
- Optional: Gehackte Haselnüsse, Bananenscheiben oder frische Beeren zum Servieren

ZUBEREITUNG

1. In einem mittelgroßen Topf die Milch mit einer Prise Salz zum Kochen bringen.
2. Den Milchreis hinzufügen, umrühren und bei niedriger Hitze ca. 25-30 Minuten köcheln lassen, bis der Reis weich ist und die Milch aufgenommen hat. Während des Kochens regelmäßig umrühren, um ein Anbrennen zu vermeiden.
3. Den Topf vom Herd nehmen und Nutella sowie Zucker unterrühren, bis alles gut vermischt ist.
4. Den Nutella-Milchreis in Schalen oder Gläser füllen und kurz abkühlen lassen. Anschließend kann der Milchreis warm oder kalt serviert werden.
5. Optional mit gehackten Haselnüssen, Bananenscheiben oder frischen Beeren garnieren und servieren.

Zitronen-Joghurt-Kuchen

Zubereitungszeit
15 min

Backzeit
35-40 min

Portionen
6

ZUTATEN

- 200 g Mehl
- 2 TL Backpulver
- 1/4 TL Salz
- 200 g Naturjoghurt
- 150 g Zucker
- 3 große Eier
- 2 TL abgeriebene Zitronenschale
- 1/2 TL Vanilleextrakt
- 120 ml Pflanzenöl
- 2 EL Zitronensaft

ZUBEREITUNG

1. Den Ofen auf 180°C vorheizen. Eine Kastenform einfetten und mit Mehl bestäuben.
2. Mehl, Backpulver und Salz in einer Schüssel vermischen.
3. In einer anderen Schüssel Joghurt, Zucker, Eier, Zitronenschale und Vanilleextrakt verquirlen. Die trockenen Zutaten vorsichtig unterheben.
4. Das Öl langsam in den Teig einrühren, bis alles gut vermischt ist.
5. Den Teig in die vorbereitete Kastenform füllen und im vorgeheizten Ofen 35-40 Minuten backen, bis ein Zahnstocher, der in die Mitte des Kuchens eingeführt wird, sauber herauskommt.
6. Den Kuchen aus dem Ofen nehmen und abkühlen lassen. Nach Belieben mit Puderzucker bestäuben oder mit Zitronensaft beträufeln.

Apfel-Zimt-Kuchen

Zubereitungszeit
20 min

Backzeit
45-50 min

Portionen
6

ZUTATEN

- 200 g Mehl
- 1,5 TL Backpulver
- 1 TL Zimt
- 1/4 TL Salz
- 125 g weiche Butter
- 150 g Zucker
- 2 große Eier
- 1 TL Vanilleextrakt
- 120 ml Milch
- 2 Äpfel, geschält und in dünne Scheiben geschnitten

ZUBEREITUNG

1. Den Ofen auf 180°C vorheizen. Eine 20 cm Springform einfetten und mit Mehl bestäuben.
2. Mehl, Backpulver, Zimt und Salz in einer Schüssel vermischen.
3. In einer anderen Schüssel Butter und Zucker schaumig schlagen. Eier einzeln hinzufügen und gut verrühren. Vanilleextrakt untermischen.
4. Die Mehlmischung abwechselnd mit der Milch zur Buttermischung geben, dabei mit den trockenen Zutaten beginnen und enden.
5. Den Teig in die vorbereitete Springform geben und die Apfelscheiben kreisförmig darauf verteilen, leicht in den Teig drücken.
6. Im vorgeheizten Ofen 45-50 Minuten backen, bis der Kuchen goldbraun ist und ein Zahnstocher, der in die Mitte eingeführt wird, sauber herauskommt.
7. Den Kuchen aus dem Ofen nehmen und in der Form für etwa 10 Minuten abkühlen lassen. Dann den Rand der Springform lösen und den Kuchen zum vollständigen Abkühlen auf ein Kuchengitter legen.

Blaubeer-Streuselkuchen

Zubereitungszeit	Backzeit	Portionen
20 min	45-50 min	12 Stücke

ZUTATEN

- 250 g Mehl
- 100 g Zucker
- 2 TL Backpulver
- 1/2 TL Salz
- 1 Ei
- 120 ml Milch
- 60 g geschmolzene Butter
- 300 g frische Blaubeeren

Streusel:

- 75 g Zucker,
- 50 g Mehl,
- 30 g Butter,
- 1 TL Zimt

ZUBEREITUNG

1. Ofen auf 190 °C vorheizen. Eine 20 cm Springform einfetten.
2. Mehl, Zucker, Backpulver und Salz in einer Schüssel vermischen.
3. Ei, Milch und geschmolzene Butter hinzufügen, bis ein glatter Teig entsteht. Blaubeeren vorsichtig unterheben.
4. Teig in die Springform geben und gleichmäßig verteilen.
5. Für die Streusel: Zucker, Mehl, Butter und Zimt verkneten, bis eine krümelige Masse entsteht. Streusel über den Teig streuen.
6. Kuchen 45-50 Minuten backen, bis ein Zahnstocher sauber herauskommt. Abkühlen lassen und servieren.

Himbeer-Vanille-Muffins

Zubereitungszeit	Backzeit	Portionen
15 min	20-25 min	12

ZUTATEN

- 225 g Mehl
- 2 TL Backpulver
- 1/4 TL Salz
- 150 g Zucker
- 120 ml Milch
- 120 ml Pflanzenöl
- 2 große Eier
- 1 TL Vanilleextrakt
- 150 g Himbeeren

ZUBEREITUNG

1. Den Ofen auf 180°C vorheizen. Eine Muffinform mit 12 Papierförmchen auslegen.
2. Mehl, Backpulver und Salz in einer Schüssel vermischen.
3. In einer anderen Schüssel Zucker, Milch, Öl, Eier und Vanilleextrakt verquirlen.
4. Die trockenen Zutaten zur feuchten Mischung geben und kurz verrühren, bis die Zutaten gerade eben miteinander vermischt sind.
5. Die Himbeeren vorsichtig unterheben.
6. Den Teig gleichmäßig auf die 12 Muffinförmchen verteilen.
7. Im vorgeheizten Ofen 20-25 Minuten backen, bis die Muffins goldbraun sind und ein Zahnstocher, der in die Mitte eingeführt wird, sauber herauskommt.
8. Die Muffins aus dem Ofen nehmen und in der Form für etwa 5 Minuten abkühlen lassen, dann zum vollständigen Abkühlen auf ein Kuchengitter legen.

Schokoladen-Creme Brûlée

Zubereitungszeit
15 min

Kochzeit
35 min

Portionen
4

Kühlzeit
2 Stunden

ZUTATEN

- 250 ml Schlagsahne
- 100 ml Milch
- 100 g Zartbitterschokolade, gehackt
- 4 Eigelb
- 50 g Zucker
- 1 Prise Salz
- 4 EL brauner Zucker zum Karamellisieren

ZUBEREITUNG

1. Den Ofen auf 150 °C vorheizen. Die Schlagsahne und Milch in einem Topf erhitzen, aber nicht aufkochen lassen. Die gehackte Schokolade hinzufügen und unter Rühren schmelzen.
2. In einer Schüssel Eigelb, Zucker und Salz verquirlen. Die warme Schokoladen-Sahne-Milch-Mischung langsam unter ständigem Rühren zu den Eigelben geben.
3. Die Mischung in 4 feuerfeste Förmchen (ca. 150 ml Fassungsvermögen) füllen. Die Förmchen in eine Auflaufform stellen und so viel heißes Wasser hinzufügen, dass die Förmchen zur Hälfte im Wasser stehen.
4. Die Creme Brûlées im Ofen für etwa 35 Minuten garen, bis sie leicht gestockt sind. Aus dem Ofen nehmen, abkühlen lassen und für mindestens 2 Stunden in den Kühlschrank stellen.
5. Vor dem Servieren den braunen Zucker gleichmäßig auf den Creme Brûlées verteilen. Mit einem Bunsenbrenner oder unter dem heißen Grill des Backofens karamellisieren, bis der Zucker geschmolzen ist und eine knusprige Kruste bildet. Kurz abkühlen lassen und servieren.

Vanillepudding mit frischen Beeren

Zubereitungszeit	Kochzeit	Portionen	Kühlzeit
10 min	10 min	4	1 Stunden

ZUTATEN

- 500 ml Milch
- 100 g Zucker
- 40 g Speisestärke
- 1 Prise Salz
- 1 Ei
- 2 Eigelb
- 1 Vanilleschote
- 300 g frische Beeren

ZUBEREITUNG

1. Die Milch in einem Topf erhitzen, aber nicht aufkochen lassen.
2. In einer Schüssel Zucker, Speisestärke, Salz, Ei und Eigelb vermengen.
3. Die Vanilleschote längs aufschneiden und das Mark herauskratzen. Das Vanillemark zur Milch geben und gut verrühren.
4. Die heiße Milch langsam in die Ei-Zucker-Mischung einrühren, dabei ständig umrühren.
5. Die Mischung zurück in den Topf gießen und unter ständigem Rühren bei mittlerer Hitze aufkochen lassen, bis sie andickt. Vom Herd nehmen.
6. Den Vanillepudding in 4 Dessertschalen verteilen und mit Frischhaltefolie abdecken, damit sich keine Haut bildet. Für mindestens 1 Stunde in den Kühlschrank stellen, bis der Pudding fest geworden ist.
7. Vor dem Servieren die Beeren waschen und trocken tupfen. Den Vanillepudding mit den frischen Beeren garnieren und servieren.

Kochzeit
10 min

Kühlzeit
4 Stunden

Portionen
4

Panna Cotta mit Mango-Coulis

ZUTATEN

Zutaten: Panna Cotta:

- 500 ml Sahne
- 100 g Zucker
- 1 Vanilleschote, aufgeschlitzt
- 2 TL Gelatinepulver
- 3 EL kaltes Wasser

Mango-Coulis:

- 1 reife Mango, geschält und entkernt
- 50 g Zucker
- Saft von 1 Limette

ZUBEREITUNG

1. Für die Panna Cotta Sahne, Zucker und Vanilleschote in einem Topf erhitzen, bis sich der Zucker aufgelöst hat. Nicht kochen lassen. Die Vanilleschote entfernen.
2. Gelatinepulver in einer kleinen Schüssel mit 3 EL kaltem Wasser einweichen. 5 Minuten stehen lassen, bis die Gelatine aufgequollen ist.
3. Die aufgelöste Gelatine zur warmen Sahne-Mischung geben und gut verrühren, bis sie sich vollständig aufgelöst hat.
4. Die Panna Cotta-Mischung in 4 Dessertgläser oder Förmchen gießen und mindestens 4 Stunden, oder besser über Nacht, im Kühlschrank fest werden lassen.
5. Für das Mango-Coulis die Mango in Stücke schneiden und zusammen mit dem Zucker und Limettensaft in einen Mixer geben. Pürieren, bis eine glatte Sauce entsteht. Durch ein feines Sieb passieren, um eventuelle Fasern zu entfernen.
6. Zum Servieren die Panna Cotta aus dem Kühlschrank nehmen und das Mango-Coulis darüber verteilen.

Himbeer-Mascarpone-Creme

Zubereitungszeit	Kühlzeit	Portionen
15 min	1 Stunde	4

ZUTATEN

- 250 g Mascarpone
- 200 g Sahne
- 50 g Puderzucker
- 1 TL Vanilleextrakt
- 250 g frische Himbeeren

ZUBEREITUNG

1. Die Sahne in einer Schüssel steif schlagen und beiseite stellen.
2. In einer separaten Schüssel Mascarpone, Puderzucker und Vanilleextrakt glatt rühren.
3. Die geschlagene Sahne vorsichtig unter die Mascarpone-Mischung heben, bis alles gut vermischt ist.
4. Die Hälfte der Himbeeren in die Creme geben und leicht unterrühren, sodass ein Marmormuster entsteht.
5. Die Himbeer-Mascarpone-Creme in 4 Dessertgläser füllen und mindestens 1 Stunde im Kühlschrank durchkühlen lassen.
6. Vor dem Servieren mit den restlichen Himbeeren garnieren.

Himbeer-Schicht-Eisparfait

Zubereitungszeit	Gefrierzeit	Portionen
20 min	4 Stunden	4

ZUTATEN

- 300 g Himbeeren (frisch oder TK)
- 100 g Zucker
- 2 EL Zitronensaft
- 400 ml Schlagsahne
- 1 TL Vanilleextrakt

Tipp: Sie können das Parfait auch mit anderen Früchten wie Erdbeeren oder Blaubeeren zubereiten. Variieren Sie die Fruchtschichten, um unterschiedliche Geschmacksrichtungen zu erzeugen.

ZUBEREITUNG

1. Die Himbeeren in einen Mixer geben und pürieren. Das Himbeerpüree durch ein Sieb passieren, um die Kerne zu entfernen. Zucker und Zitronensaft hinzufügen und gut verrühren.
2. In einer großen Schüssel die Schlagsahne mit dem Vanilleextrakt steif schlagen.
3. Eine rechteckige, gefriergeeignete Form (ca. 20 x 10 cm) mit Frischhaltefolie auslegen. Eine Schicht Himbeerpüree auf den Boden der Form gießen, gefolgt von einer Schicht Schlagsahne. Die Schichten wiederholen, bis alle Zutaten aufgebraucht sind. Die oberste Schicht sollte aus Schlagsahne bestehen.
4. Das Himbeer-Schicht-Eisparfait mindestens 4 Stunden oder über Nacht in den Gefrierschrank stellen, bis es fest ist.
5. Vor dem Servieren das Parfait aus der Form lösen, die Frischhaltefolie entfernen und in Scheiben schneiden. Sofort servieren und genießen.

Erdbeer-Bananen-Sorbet

Zubereitungszeit
10 min

Gefrierzeit
2-4 Stunden

Portionen
4

ZUTATEN

- 400 g gefrorene Erdbeeren
- 2 reife Bananen, in Scheiben geschnitten und gefroren
- 2 EL Honig oder Agavendicksaft
- 1 EL Zitronensaft
- Optional: frische Erdbeeren und Minzblätter zum Garnieren

ZUBEREITUNG

1. Die gefrorenen Erdbeeren, Bananen, Honig und Zitronensaft in einen Hochleistungsmixer oder eine Küchenmaschine geben.
2. Auf höchster Stufe pürieren, bis die Mischung cremig und glatt ist. Wenn nötig, mit einem Spatel nachhelfen, um sicherzustellen, dass alle Zutaten gut vermischt sind.
3. Das Sorbet sofort servieren oder für 2-4 Stunden in den Gefrierschrank stellen, um es fester werden zu lassen. Vor dem Servieren aus dem Gefrierschrank nehmen und kurz antauen lassen.
4. In Dessertschalen portionieren und nach Wunsch mit frischen Erdbeeren und Minzblättern garnieren.

Mango-Joghurt-Eis

ZUTATEN

- 2 reife Mangos
- 500 g Naturjoghurt
- 80 g Zucker oder Honig
- Saft einer halben Zitrone
- 1 Prise Salz

Tipp: Du kannst das Mango-Joghurt-Eis auch mit anderen Früchten wie Erdbeeren, Himbeeren oder Pfirsichen zubereiten, je nach Saison und Vorlieben.

Zubereitungszeit
20 min

Gefrierzeit
4 Stunden

Portionen
4

ZUBEREITUNG

1. Die Mangos schälen, das Fruchtfleisch vom Kern schneiden und in Stücke schneiden.
2. In einem Mixer oder mit einem Pürierstab die Mango-Stücke zusammen mit dem Joghurt, Zucker oder Honig, Zitronensaft und einer Prise Salz pürieren, bis eine glatte Masse entsteht.
3. Die Mango-Joghurt-Mischung in eine flache, gefriergeeignete Schale geben und für mindestens 4 Stunden oder über Nacht in den Gefrierschrank stellen.
4. Vor dem Servieren das Eis aus dem Gefrierschrank nehmen und etwa 10 Minuten bei Raumtemperatur stehen lassen, damit es leichter zu portionieren ist. Mit einem Eisportionierer Kugeln formen und in Dessertschalen oder -gläser geben. Genießen!

Kokosnuss-Limetten-Granita

Zubereitungszeit	Gefrierzeit	Portionen
20 min	3 Stunden	4

ZUTATEN

- 400 ml Kokosmilch
- 100 ml Wasser
- 120 g Zucker
- Saft und Abrieb von 2 Limetten
- 1 Prise Salz

ZUBEREITUNG

1. In einem kleinen Topf Wasser, Zucker und Limettenabrieb bei mittlerer Hitze erhitzen. Rühren, bis sich der Zucker vollständig aufgelöst hat. Den Sirup etwa 5 Minuten abkühlen lassen.
2. Die Kokosmilch, den Limettensaft und eine Prise Salz in den abgekühlten Sirup einrühren.
3. Die Mischung in eine flache, gefriergeeignete Schale gießen und für 30 Minuten in den Gefrierschrank stellen.
4. Nach 30 Minuten die Mischung mit einer Gabel durchrühren, um die Eiskristalle zu brechen und die Granita gleichmäßig gefrieren zu lassen. Diesen Vorgang alle 30 Minuten wiederholen, bis die Granita komplett gefroren und flockig ist (insgesamt etwa 2-3 Stunden).
5. Die Kokosnuss-Limetten-Granita mit einer Gabel auflockern und in Dessertschalen oder -gläser geben. Sofort servieren und genießen.

Halten Sie Ihre Handykamera einfach auf den QR Code und kommen Sie so zu dem Gratis-Download:

EXCLUSIVER BONUS

20 Rezepte für Getränke

SCAN ME

SCAN ME

MOBILE VERSION

Zutaten jederzeit am Handy abrufbar

Printed in France by Amazon
Brétigny-sur-Orge, FR

15821906R10063